青年们，读马克思吧Ⅲ

马克思和美国

［日］内田树 石川康宏◎著

鲍忆涵◎译

人民东方出版传媒

东方出版社

图字：01-2019-2053

Wakamonoyo Marx Wo Yomou by Tatsuru Uchida & Yasuhiro Ishikawa

Copyright © 2018 Tatsuru Uchida & Yasuhiro Ishikawa

Simplified Chinese translation copyright ©2019 Oriental Press,All rights reserved

Original Japanese language edition published by Kamogawa Publishing Co.,Ltd.

Simplified Chinese translation rights arranged with Kamogawa Publishing Co.,Ltd.

through Hanhe International(HK) Co., Ltd.

图书在版编目（CIP）数据

青年们，读马克思吧 Ⅲ：马克思和美国 /（日）内田树，（日）石
川康宏著；鲍忆涵译. -- 北京：东方出版社，2019.8

ISBN 978-7-5207-1105-0

Ⅰ.①青… Ⅱ.①内… ②石… ③鲍… Ⅲ.①马克思主义理论 – 青年读
物 Ⅳ.①A81-49

中国版本图书馆 CIP 数据核字（2019）第164218号

青年们，读马克思吧 Ⅲ：马克思和美国
（QINGNIANMEN DU MAKESI BA SAN MAKESI HE MEIGUO）

作　　者：［日］内田树　石川康宏
译　　者：鲍忆涵
责任编辑：辛岐波
出　　版：东方出版社
发　　行：人民东方出版传媒有限公司
地　　址：北京市西城区北三环中路6号
邮　　编：100120
印　　刷：三河市金泰源印务有限公司
版　　次：2019 年 8 月第 1 版
印　　次：2021 年 6 月北京第 3 次印刷
开　　本：880 毫米 × 1230 毫米　1/32
印　　张：7.25
字　　数：160千字
书　　号：ISBN 978-7-5207-1105-0
定　　价：36.00元
发行电话：（010）85924663　85924644　85924641

目 录
Contents

本章在引用时所参考的日译书并不统一,石川康宏参考的是大月书店国民文库版的《法兰西内战》,而内田树参考的则是筑摩书房出版的马克思珍藏本版的《法兰西内战》。两位作者参考书的书名是不一样的。

石川康宏致内田树
内田树致石川康宏

2018年3月27日(星期二),在京都妙心寺大心院,内田树作报告,石川康宏对其内容进行了评论。以下是对这两部分进行整理、润色后的内容。

报告:马克思·马克思主义和美国——接受和凋零
评论:走向现代美国式马克思主义的道路

前　言

内田树

大家好，我是内田树。

包括《青年们，读马克思吧》以及其外传《倾听马克思》在内，这已经是《青年们，读马克思吧》系列图书的第四本了，这是我没想到的。在此，我要对广大热心的读者以及松竹伸幸主编表示由衷的感谢。

的确，我最初是希望写本马克思的入门书，让中学生、高中生也能对包括《共产党宣言》《资本论》在内的马克思的所有著作有所涉猎。虽然我嘴上说得好听，在和大家讲述我这个"宏大的企划",但其实,我内心总觉得我这个企划会中途"流产"(一直没和大家说我的真实想法,实在抱歉)。但是,我这样想也是有原因的——毕竟我要写的书是《青年们,读马克思吧》。一旦青年们不喜欢这本书,那就没有"后话"了。

我们之所以想要出版这样一本书,是因为我们面临着一个非常残酷的现实,即如今的青年们已完全不读马克思了。因为我们的这个企划是以"没有市场需求"为前提的,因此,即使事实证明市场的确没有这种需求,被退回来的书堆积如山,我们也只能认了。

但事实上,2010 年出版的《青年们,读马克思吧 I 》成为畅销不衰的热门图书,三年后被收录角川 Sophia 文库,甚至被翻译成韩语、中文,这令我感到非常意外。

该书被翻译成韩语出版,我还是能理解的。这是因为韩国没有研究马克思的历史。朝鲜王朝灭亡后,朝鲜半岛被日本侵占,沦为殖民地。第二次世界大战之后,朝鲜半岛摆脱日本,重获独立。但,又爆发了朝鲜战争。韩国视马克思主义为"敌对思想",到 20 世纪 80 年代,还保留着"反共法",

仅是阅读马克思著作就会被判处徒刑。因此，韩国不可能存在研究马克思的历史。由于我们的定位是"细品马克思原文的字里行间、逐条阐明内在含义并纵观其历史意义"，因此，我能理解有不少的韩国读者想要读一读我们这本书的想法。

但是，《青年们，读马克思吧》系列图书被翻译成中文出版是我所没想到的。中国是社会主义国家，马克思主义是中国公认的政治思想。因此，中国理应是研究马克思的"主场"。但是，我们所写的这本"马克思概论"竟在中国成为畅销书（据说是这样的）。

这大概是因为中国没有这种类型的书吧！即使是在现在的中国社会，我想还是会有人对着年轻人说："你起码得先去读马克思！"但是说这样话的人多为党政机关的公职人员、知识分子、学校老师等"拥有权力的一方"，而年轻人大概会打心底反感这种"傲慢"、带有说教意味的要求吧（仅是我个人的猜测）。与之相对，我们的书完全不"傲慢"。我们的书不仅不"傲慢"，还在努力"讨好"年轻人。我们这本书的写作风格非常"谦卑"，试图赢得年轻人的欢心，让他们乐意阅读我们的书。我们两位作者由衷地尊敬马克思，抱着敬畏之心阅读其智慧之作，并邀请年轻人一起来品味其中的精妙之处。我们这本研究马克思的入门书正是抱着这种纯粹的敬慕之情和教导之意写成的。这样的书即使是在中国或者其他的社会主义国家也很少见吧（或许是这样吧）。

我没想到我们的书会那么受欢迎。因此，《青年们，读马克思吧》系列图书也得以相继出版。在和池田香代子女士一起遍游德国到英国的旅途中（虽然这九日八晚的旅行对我来说宛如噩梦。因为在旅途中，我全程感冒，发着烧四处游览，还不断进行演讲、访谈），我产生了写本有关"马克思和美国"的书的想法。

对马克思的著作进行解读的书不计其数，但是我想应该没有人用日语写过，仅用来研究讨论"马克思和美国"的文章吧。当然，可能会有英语、德语版的相关文献。

有关从欧洲移民至美国的社会主义者，即所谓的"48年人"（Forty-eighters）的活动，有关马克思和创办《纽约论坛报》的霍勒斯·格里利之间的关系，有关总部设于美国时的第一国际的活动……我在研究这些内容的过程中，发现了更多自己感兴趣的话题。有关这一点，我在本书中也有所提及。我想，一定有部分美国历史学者写了相关的论文。但是，考虑到我年纪大了，似乎已经没有时间去收集更多的资料并对其进行整合了。所以，我希望之后能出现有理想、有抱负的年轻人继续进行这方面的研究。

我还想再补充一点。我听说美国可能会重新对马克思进行评价，这令我很激动。

我定期订阅着美国的外交杂志——《外交事务》的日语版（由于其内容基本是日本媒体没有报道过的"美国真相"，因此有助于我了解"宗主国"人民真正的想法）。2018年8月，该杂志的卷首语题为《马克思的世界》，卷首语如下写道："虽然有些采用苏维埃以及其共产主义模式的国家都先后被颠覆了，但是马克思理论依旧是批判资本主义最为尖利的武器。特别值得一提的是，正如这40年间我们所经历过的一样，马克思清楚地明白当不进行国家干预时，资本主义的矛盾将被激化。马克思一直深知其缺陷和弊端。马克思主义不仅没有过时，还被视为掌握现状所不可或缺的理论。"（Robin Varghese，《马克思主义者的世界摸索能够抑制资本主义的政治形态》，《外交事务》，No.8，2018，p.7）

不久后，美国就会因引进 AI（Artificial Intelligence，人工智能）而面临大规模失业。保守估计，大约会有 14% 的岗位将被自动化取代，在最坏的情况下，该数值可能会达到 30%。若对这些失业者不管不顾，如果政府认为"找一个不会因机械化而被取代的工作是每个人自己的责任"，将他们赶到大街上，那将会有数以百万的无业游民在美国的大街上游荡。市场缩小，经济衰退，治安、公共卫生也越来越糟糕，行政服务中断。最后，社会就会沦落到如同《疯狂的麦克斯》末日论中所描述的那般。如果不采取措施，寻求实现充分就业的对策，那我们已经可以预见到这一悲惨的局面。但是，企业经营者为削减人员开支，不会对引进新技术死心的。在此，政治与经济相互矛盾。

正如《富裕的资本家》和《贫穷的劳动者》这两幅画作中所描绘的那样，资本主义社会的各种矛盾互相对立，不断激化。要想让资本主义能继续发展下去，就需要在一定程度上控制市场的支配地位，使社会各阶层都能分配到生产资料，进行政策干预以实现充分就业。我们从学生时代起就不断阅读、书写这些内容，但没想到，如今这些话竟也会从美国的政治学家、经济学家口中说出来。这令我有些惊讶。

　　这次，石川康宏先生对"马克思和美国"这一难题的见解、分析依旧非常精彩。在此，我由衷地向他表达我的佩服之情。

　　石川先生从学术的角度对话题进行到位、准确的分析，而我则"稀里糊涂"地与大家分享我的所思所想。我们的这一分工也就这样持续了九年。正因为有了石川先生的协助，我才能够完成我的"突发奇想"。我由衷地感谢石川先生能够包容我的"随性"。（不过，说不定石川先生有时候也会在心里觉得："这人真麻烦啊！他又在说什么没道理的话啊？"）

第1章 来往书信:《法兰西内战》

　　本章在引用时所参考的日译书并不统一，石川康宏参考的是大月书店国民文库版的《法兰西内战》，而内田树参考的则是筑摩书房出版的马克思珍藏本版的《法兰西内战》。两位作者参考书的书名是不一样的。[①]

---

　　① 石川康宏参考的日译书名为"フランスにおける内乱"，而内田树参考的日译书名为"フランスの内乱"。

石川康宏致内田树

2017 年 12 月 30 日

内田先生：

　　您好。今天是 2017 年 12 月 30 日。今天，亲戚的两个孩子来家中玩耍，很是热闹。明天就是除夕了。前几天，我和家人一起去了敦贺，除夕夜就吃从那儿买回来的越前荞麦面条 ① 来迎接新年吧。2018 年也请多多关照。

　　上一次见到内田先生，大概是在 7 月 3 日，也就是我们决定去美国旅游的那天，似乎是在一家天妇罗店吧？在前不

---

　　① 　日本在除夕夜或立春之夜会吃荞麦面。(被称为过年荞麦面、年夜荞麦面或迎新荞麦面)。荞麦面又细又长，象征寿命延长和家运吉利。

久刚举行的兵库县知事选举中，多承关照。我党推选的候选人"第一声"①视频，在JR住吉站附近播放了一万多次。很遗憾，我党推选的候选人未能当选。前几天，我们才刚一起反思了我们的不足之处。我们还存在很多不足之处，比如对局势的判断太过乐观、缺乏实力、负责对不断变化的状况进行迅速反应的实务体质存在缺欠等。我们将在2018年2月的总会上进行正式的自我检讨，积极为2021年的选举做准备。

啊，我想起来了！在天妇罗店与内田先生见面后，我还与知事选举的候选人津川先生一起拜访了您。我看了下那是7月20日。原来我们上次见面是在7月20日，是在您家中。不过，这也已是夏天的事情了。

有关巴黎公社的论战

让我们回到正题。这次我们要讨论的是《法兰西内战》。国际工人协会（第一国际）于1871年5月31日通过了该文

---

① 日本媒体将选战开锣后各党党首第一次演说称为"第一声"。

章的定稿文本，也就是说，这是马克思 53 岁时的作品。由于这本书是在第一部《资本论》出版（1867 年）后写成的，因此可以说这本书是在我们所熟知的马克思形象已大体形成时的作品。

在《青年们，读马克思吧Ⅱ》的《工资、价格和利润》这一封书信中，我已简单地介绍了有关通过该文章的国际工人协会的事情。国际工人协会是于 1864 年在伦敦成立的团体，该团体粗略地将欧洲的各种工人运动、社会主义运动都归到了"工人阶级的解放"这一大致的目标下，试图实现相互间的"联系与合作"。英国工会呼吁实现这一目标时，马克思还与之没有太大的关联，但是在庆祝成立的集会中，马克思被选为"临时委员会"的成员，结果他还起草了《成立宣言》和《临时章程》，开始摸索符合该时期各国工人运动成熟程度的组织和运动的形式。

《法兰西内战》本定于在巴黎公社的斗争中发布，但是，国际工人协会没拿到本该从当地获得的信息。（马克思也对此感到很焦虑，相关的信件保留至今）于是，国际工人协会在公社因法兰西政府的军事力量而瓦解后的第二日，即 5 月

30 日便通过了《法兰西内战》的定稿文本。

巴黎公社是人类历史上首个由以工人为主的市民通过选举成立的政府，而法兰西的统治者则蛮不讲理地以暴力将其葬送。《法兰西内战》的主要内容就是对巴黎公社的高度赞扬以及对法兰西统治者的猛烈批判。恶劣的政治家对公社实施暴行、各国统治者、媒体不断诽谤公社……正是在这样的背景下，马克思和国际工人协会发布了这一指明公社大义和真相的重要论战文书。

我在《青年们，读马克思吧 I》的《共产党宣言》这一篇中也有提到，马克思在 1848 年的德意志革命中曾为争取男女平等的普选权而挺身奋斗过，这之后，他也一直在探索"获得多数人赞同的和平革命的道路"。

全体人民迫切要求和平与民主。马克思一直在探寻能满足人民这一意愿的革命形式。

法兰西政府挑起了"内战"

接下来，我们就进入正题。我想来谈谈成立于 1871 年的巴黎公社。首先，需要确认其历史发展的基本线索。

以前的书将其描述为"巴黎工人通过武装暴动的方式推翻资产阶级政府后诞生的革命政权"。法兰西内战之所以被叫作"内战"，是因为马克思将其理解为由取得革命胜利的工人进行的起义。但如果仔细阅读文章，我们就会发现，马克思在文章中明确地指出挑起"内战"的是法兰西政府（首相是梯也尔）。下面是从《法兰西内战》中引用的几段话。

> 不仅把巴黎而且把全法国都拱手交给普鲁士的巴黎投降一举，是历时很久的一连串通敌卖国阴谋勾当的总收场，这些阴谋勾当，正如特罗胥自己所说，是 9 月 4 日的窃国大盗们在窃得政权的当天就开始推行的。另一方面，这次投降又是他们在普鲁士支持下对共和国和巴黎发动内战的开端。①
>
> 法国的大破产就促使地产和资本的这班爱国的代理人，在外国侵略者的监视和卵翼下把对外战争

---

① 马克思：《法兰西内战》，人民出版社 2016 年版，第 44 页。

变成一场国内战争——一场奴隶主叛乱。①

第一段文字中出现的"巴黎投降"指的是 1870 年，巴黎爆发共和制革命后成立起来的国防政府决定向德意志投降这一事件。虽然该政府叫作"国防"政府，但它却背叛了国家。

第二段文字中出现的"奴隶主叛乱"一词是马克思探讨了美国南北战争后，在提到试图逆转革命和平发展的统治阶级所进行的武力叛乱时使用的。"奴隶主叛乱"一词也点明了梯也尔资产阶级政府对巴黎公社进行攻击这一事件的性质。

反动派对共和制革命的反击

在此，让我来简单梳理一下巴黎公社成立前，有关法兰西的政治情况吧。

首先来看一下当时的法兰西政权。1851 年，路易·波

---

① 马克思：《法兰西内战》，人民出版社 2016 年版，第 45 页。

拿巴发动政变，恢复了帝政（我在《青年们，读马克思吧Ⅱ》中与《法兰西阶级斗争》《路易·波拿巴的雾月十八日》相关的书信中已说过此事），久居皇帝之位。该政府积极参加了克里米亚战争（1854—1856年）、第二次鸦片战争（1856—1860年）等世界各国的战争。但是，在1870年7月，其邻国普鲁士对其发动了战争。结果，法兰西在战争中惨败，9月2日，路易·波拿巴也被普鲁士所俘。

得知这一消息的巴黎市民视此为推翻帝政的绝好机会，于9月4日发动了共和制革命。议会内的共和派宣布推翻帝政，实行共和制（继1789年法兰西第一共和国和1848年法兰西第二共和国之后，成立法兰西第三共和国），成立了国防政府（首相是在前面引用的文章中出现过的特罗胥）。但是这个政府"名不副实"，刚成立不久就立刻开始协商向普鲁士投降的相关事项。

1871年1月28日，国防政府在被普鲁士军占领的凡尔赛宫签署了停战协议。在不久前的1月18日，德意志帝国成立，普鲁士国王成为德意志国王。因此，当时国防政府是和德意志帝国签订的该协议。此外，为使这份协议成为正式条约，就非常有必要在法兰西成立更为正式的政府，而不是临时的国防政府。因此国防政府于2月8日便举行了新共和制下的首次选举。

由此诞生的国民议会中大多都是反对共和制的王制派、帝政派，因此该国民议会实际沦为反动议会。（由于其反动性源自农村中的古老统治，因此马克思称之为"'农村地主'议会"）梯也尔被该议会选为政府首脑，由此，以梯也尔为首（行政长官）的新政府便取代了原来的国防政府。梯也尔在国防政府时期，起到了"特使"的作用，他奔走于欧洲各国宫廷，希望实现和平调停。

位于巴黎的新政府于1871年2月26日就立即与德意志签订了合约草案。由此也定下了德军进入巴黎城这一事项。

1870年国防政府所提出的"武装的巴黎"这一概念对梯也尔政府统治法兰西全境来说，是最大的障碍。因此，梯也尔希望进入巴黎的德军与市民发生冲突，从而解除巴黎的武装。但是，在国民自卫军冷静的应对下，巴黎的武装巧妙地避免了与德军发生冲突，德军也在两天后便撤离了巴黎。因此，武装起来的共和派的巴黎就这样被保留下来，如何应对这一情况则成了梯也尔政府自身所面临的问题。

力图解除巴黎武装的梯也尔政府

《法兰西内战》由四章构成。

第一章主要讲的是对梯也尔政府的猛烈批判。马克思在这章中充分揭露了为歼灭"武装起来的巴黎"而发动"奴隶主叛乱"之人的本性及意图。第二章阐明了内战的开端——3 月 18 日的具体情况，指出企图出其不意夺取国民自卫军大炮的梯也尔政府的无法无天，并强调这表明是政府挑起了"内战"，而巴黎市民方则有应对此事的权利和义务。

第三章明确了巴黎公社在短时间内取得的政治上的成就，并阐明了其历史意义以及对后世的教训。在最后一章中，马克思抨击了通过"流血"的方式结束内战的法兰西资产阶级政府，赞扬了巴黎公社的战士们。

第二章是这样开始的："武装的巴黎是实现反革命阴谋的唯一严重障碍。因此必须解除巴黎的武装。在这一点上，波尔多议会是很坦率的。"①

　　"反革命"指的是将法国从共和制的国家逆转为帝政的国家，之所以又叫作"波尔多议会"，是因为推选出梯也尔政府的第一次国民议会是在波尔多召开的，而不是在巴黎。

　　梯也尔"国民自卫军的大炮是属于国家的，必须交还给国家"。②试图将解除巴黎武装解释为正当行为。但是实际上，大炮是"国民自卫军自己筹款置办的"。国防政府同普鲁士政府于 1871 年 1 月 28 日签署的"停战协议"也能证实这一事实。当时，国防政府在将所拥有的武器上缴给普鲁士时，以"巴黎的大炮是私有财产"这一理由，将国民自卫军的大炮从上缴名单中划去了。

　　因此，梯也尔政府这样牵强地"夺取大炮显然正是全面解除巴黎武装，因而也就是解除 9 月 4 日革命武装的开端"。③

　　在此之前多次出现的国民自卫军是在法国大革命（1789 年）时作为国家制度而组建的，并不是巴黎所特有的。国民

---

① 马克思：《法兰西内战》，人民出版社 2016 年版，第 47 页。
② 同上。
③ 同上书，第 48 页。

自卫军是基于普通市民一边从事自己的本职工作，一边服军务的制度，由志愿兵构成的军队。

1870 年 9 月的共和制革命后，为保护巴黎和法国，抵抗普鲁士，许多工人自愿加入巴黎的国民自卫军。11 月，即使在巴黎被普鲁士军包围之时，巴黎市民也没有丧失斗志。他们对国防政府满怀期待，而国防政府却走上了停战和投降的道路。那一刻，巴黎市民清醒地认识到他们必须从国防政府中独立出来。

在此之前，国民自卫军在巴黎的 20 个行政区中都是独立行动的，互相间的配合也是不被允许的。这样的国民自卫军于 2 月 24 日召开了巴黎全体代表集会，准备设立之前没有的国民自卫军中央委员会。马克思在《法兰西内战》中对相关的经过没有描述，但是在其草稿（第一草稿）中提到，在这一时期，"真正统治巴黎"的是国民自卫军，其"中央委员会一直是首都的人民政府"。① 刚才我有提到，德军于 3 月 1 日进入巴黎时，巴黎市民冷静地避免了与德军的冲突，

---

① 《马克思恩格斯全集》第十七卷，人民出版社 1963 年版，第 633 页。

原因正是在巴黎形成了这样统一的组织，能够上下一心。

巴黎公社的成立和马克思的期望

1871 年 3 月 15 日，由代表大会选举的国民自卫军中央委员会正式成立。也就是在这一天，梯也尔政府从波尔多回到巴黎，准备解除巴黎武装。并于 18 日率领众多城市警察和数个常备军，夜袭蒙马特尔，企图出其不意地夺取国民自卫军大炮，由此挑起内战。这次由法兰西政府挑起的军事冲突，以 "3 月 18 日光荣的工人革命" 胜利而告终。中央委员会也上升为巴黎的临时政府。另外，失败的梯也尔政府则离开巴黎，逃至德军总部所在地凡尔赛宫。

就这样，掌握了 "巴黎统治权" 的中央委员会在致力于为巴黎市民提供日常生活所必需的行政服务的同时，立刻开始准备选举。中央委员会成立由巴黎市民代表组成的正式议会，并试图将统治权移交给议会。3 月 26 日，基于以往的市议会选举规则，中央委员会组织了男子普选。自此，国民自卫军由议会领导，恢复为负责军务的机构。

此次选举也允许支持梯也尔政权的凡尔赛派参与竞选，实际上，有将近20%的当选者属于凡尔赛派。3月29日，议会经过多数同意，决定将名称正式改为"巴黎公社"，在此之后，所有的决定都以巴黎公社的名义公布。许多凡尔赛派的议员都在之后逃亡了。

如今的法国基层自治体（法国基层自治体与日本基层自治体不同，在日本，约有90%的基层自治体人口不足2000人，不断经历合并，而地方居民无法依托其实现自治）依旧叫作公社（自治共同体）。虽然其历史可以追溯到法国中世纪的城市公社运动，但是，对巴黎市民来说，这个在法兰西革命之际，在基层支持革命事业的该革命性公社更让人印象深刻。据说，早在爆发共和制革命时，就有市民呼吁成立公社了。

成立的巴黎公社不仅是议会，同时也承担执行机关和立法机关的职能。虽然其议员还仅限男性，但这是世界上第一个基于人民主权原则，人民通过行使自己的选举权，取得权力机关、议会多数赞同，由工人建立的革命政权。

但是，马克思对于走到这一步的国民自卫军中央委员会的工作，进行了以下严厉批评。其一，梯也尔政府逃亡至凡尔赛时，国民自卫军中央委员会没有立即进攻凡尔赛，没能彻底断送梯也尔及农村地主的阴谋。其二，允许秩序党在公社选举日，即 3 月 26 日参加选举。秩序党指的是 1848 年革命后的王党派，但在这里指的是该时期所有的法兰西反动派。

但是，这场巴黎革命事先并没有做好充足的准备，还缺乏推动其向前发展的工人阶级政党。此外，该革命之所以对抗国防政府、梯也尔政府，主要是为了保护巴黎和法兰西不受德意志的侵略，而不是实现共和制。考虑到这些情况，马克思或许有些急躁，对其期望过高了。巴黎公社允许梯也尔派也参与竞选，表明了其是代表巴黎全体市民，而不是少数人的正统政权。在这一方面，我觉得巴黎公社反而起到了很大的作用。

公社中的革命派议员有仅对通过起义推翻旧政权感兴趣的布朗基主义者、激进共和主义者雅各宾派、原则上不承认工人政治权力的蒲鲁东派的社会主义者等，几乎没有受马克思影响的议员。这不是马克思派的权力机构。

不能简单地直接使用现成的国家机器

按照《法兰西内战》的构成，接下来我们就谈谈第三章——有关国家权力的问题。

马克思对"公社是什么"进行了设问，并对此进行了以下回答。

> 中央委员会在它的 3 月 18 日宣言中写道："巴黎的无产者，目睹统治阶级的无能和叛卖，已经懂得：由他们自己亲手掌握公共事务的领导以挽救时局的时刻已经到来……他们已经懂得：夺取政府权力以掌握自己的命运，是他们无可推卸的职责和绝对权利。"但是，工人阶级不能简单地掌握现成的国家机器，并运用它来达到自己的目的。[①]

马克思在 1848 年的《共产党宣言》中写道，要建立共产主义社会，工人就必须自己成为"统治阶级"，掌握国家

---

① 马克思：《法兰西内战》，人民出版社 2016 年版，第 56 页。

权力。1848 年后，"中央集权的国家政权连同其遍布各地的机关，即常备军、警察局、官僚机构、教会和法院——这些机关是按照系统的和等级的分工原则建立的——起源于专制君主制时代"。① 作为继承了帝政的资产阶级国家，取得了巨大的发展。

学习了巴黎公社的历史经验，马克思将《共产党宣言》中工人阶级必须掌握国家权力这一理论具体化，开始思考"如何理解眼前这个具有具体形态的国家"这一问题。最后，马克思得出了结论，也就是前面我们提到的："工人阶级不能简单地掌握现成的国家机器，并运用它来达到自己的目的。"马克思将公社为应对现实的需要所进行的国家改造进行了整理。

①废除常备军而代之以武装的人民。②公社是由巴黎各区通过普选选出的市政委员组成的。③规定公社是一个实干的而不是议会式的机构。④规定一向作为中央政府工具的警察为公社随时可以解任的公职人员。⑤规定包括公社委员

① 马克思：《法兰西内战》，人民出版社 2016 年版，第 56 页。

在内的所有公职人员，都只能领取相当于工人工资的报酬。⑥把先前属于国家的全部创议权都转归公社。

马克思在《法兰西内战》一文中还写道："从前国家的高官显宦所享有的一切特权以及公务津贴，都随着这些人物本身的消失而消失了。社会公职已不再是中央政府走卒们的私有物。"①现代日本的政治也面临着同样的问题，急需进行改革。

马克思在探讨得到这些权力的工人为实现社会的民主统治，应对现实需要而不得不进行的改革后，得出了之前提到的"工人阶级不能简单地掌握现成的国家机器，并运用它来达到自己的目的"这一结论。这主要是基于以下两点：①去除不必要的部分。②对能使必要功能得到发展的部分进行民主化改良。

对于这一点，马克思在《法兰西内战》的"第二草稿"中这样写道：

无产阶级不能像统治阶级及其互相倾轧的各党

---

① 马克思：《法兰西内战》，人民出版社2016年版，第60页。

各派历次胜利的时刻所做的那样，简单地掌握现
存的国家机体并运用这个现成的工具来达到自
己的目的。掌握政权的第一个条件是改造传统
的国家工作机器，把它作为阶级统治的工具加
以摧毁。①

在俾斯麦庇护下进行大规模屠杀的政府军

让我们来看看第四章。在这章中，马克思以巴黎公社遭
到政府军瓦解这一最后的时期为例，赤裸裸地揭发了梯也尔
下令进行武力攻击的无法无天。

其中一项便是政府军"露骨的野蛮"。

每当资产阶级秩序的奴隶和被压迫者起来反对
主人的时候，这种秩序的文明和正义就显示出自
己的凶残面目。那时，这种文明和正义就是赤裸

---

① 马克思：《法兰西内战》，人民出版社 2016 年版，第 126 页。

裸的野蛮和无法无天的报复。占有者和生产者之间的阶级斗争中的每一次新危机，都越来越明显地证明这一事实。①

马克思引用古代罗马大规模屠杀公敌为证，指出梯也尔政府的所作所为"同样是冷酷无情地大批杀人；同样是不分男女老幼地屠杀；同样是拷打俘虏；同样是发布公敌名单，不过这一次被列为公敌的是整个一个阶级；同样是野蛮地追捕躲藏起来的领袖，使他们无一幸免；同样是纷纷告发政治仇敌和私敌；同样是不惜杀戮根本和斗争无关的人们"②。

据说当地保留着有关实际牺牲人数的相关记录：约有3万人遭到枪杀，有10万人被逮捕……

马克思还揭露了梯也尔政府的这种屠杀是在德意志帝国俾斯麦政府的庇护下进行的。

统治阶级利用外国侵略者支持的内战来镇压革命的阴谋……以巴黎的大屠杀告终。俾斯麦满意

---

① 马克思：《法兰西内战》，人民出版社2016年版，第81页。
② 同上。

地望着巴黎的废墟……在他看来，这不但是革命被消灭，而且也是法国的灭亡……历史上何曾有过战胜者不仅为战败政府充当宪兵，而且还充当受雇杀手以求胜利完美无缺这种怪事？[1]

1871 年 5 月最后一次进攻巴黎前，德意志军队释放了 11 万名波拿巴派的俘虏，通过这种方式为梯也尔政府提供必需的兵力。

资产阶级政府试图通过煽动"民族战争"的热情来避免阶级斗争，但是当阶级斗争变成内战的熊熊火焰时，这种欺骗勾当也就被抛在一边了，战胜的军队和战败的军队联合起来共同屠杀无产阶级。马克思对这一行为进行了批判。

5 月 28 日，巴黎公社瓦解了。《法兰西内战》是以下面这段话结尾的。

工人的巴黎及其公社将永远作为新社会的光辉先驱而为人所称颂。它的英烈们已永远铭记在工人

---

① 马克思：《法兰西内战》，人民出版社 2016 年版，第 86 页。

阶级的伟大心坎里。那些扼杀它的刽子手们已经被
历史永远钉在耻辱柱上,不论他们的教士们怎样祷
告也不能把他们解脱。[①]

冷静思考革命的前途、对解放斗争表达真挚的赞扬

1870 年 9 月的共和制革命以后,在里昂、马赛等地也
诞生了公社。但是,在 1871 年 3 月 18 日巴黎革命爆发之前,
这些公社都被镇压了。因此,在法兰西输给了普鲁士、面临
着巨大危机的情况下,纵观法兰西全境,可以说法兰西并不
存在革命的条件。

法兰西在与普鲁士的对决中战败后,马克思立即发布
《国际工人协会总委员会关于普法战争的第二篇宣言》(1870
年 9 月 9 日),冷静地呼吁工人不能误判局势。

法国工人阶级正处于极困难的境地。在目前

---

① 马克思:《法兰西内战》,人民出版社 2016 年版,第 88 页。

的危机中，当敌人几乎已经在敲巴黎城门的时候，一切推翻新政府的企图都将是绝望的蠢举。法国工人应该履行自己的公民职责，但同时他们不应当为民族历史上的 1792 年所迷惑……唯愿他们镇静而且坚决地利用共和国的自由所提供的机会，去加强他们自己阶级的组织。这将赋予他们以海格立斯般的新力量，去为法国的复兴和我们的共同事业即劳动解放的事业而斗争。共和国的命运要靠他们的力量和智慧来决定。①

但是，正如我们已经知道的，实际上，巴黎逐渐走上了 1871 年 3 月 18 日所爆发的革命的道路。知道此事的马克思，于 1871 年 4 月 12 日写给朋友库格曼的信件中，高度赞扬了站起来反抗的工人们。

这些巴黎人，具有何等的灵活性，何等的历史主动性，何等的自我牺牲精神！在忍受了六个

_____

① 马克思：《法兰西内战》，人民出版社 2016 年版，第 32 页。

月与其说是外部敌人不如说是内部叛变所造成的饥饿和破坏之后，他们起义了，在普军的刺刀下起义了，好像法国和德国之间不曾发生战争似的，好像敌人并没有站在巴黎的大门前似的！历史上还没有过这种英勇奋斗的范例！①

但是，马克思还这样写道：

> 巴黎的这次起义，即使它会被旧社会的豺狼、瘟猪和下贱的走狗们镇压下去，它还是我们党从巴黎六月起义以来最光荣的业绩。

这是因为，直到那时，马克思依旧认为巴黎市民的未来并不乐观。

另外，马克思在给担心公社失败的库格曼的回信中，针对存在普鲁士人盘踞法国并兵临巴黎城下这一决定性的不利条件，但仍去进行战斗的意义曾有过说明。"如果斗争只是在机会绝对有利的条件下才着手进行，那么创造世界历史未免

---

① 《马克思恩格斯选集》第四卷，人民出版社 2012 年版，第 494 页。

就太容易了。"①但是，在世界发展的历程中，存在许多"偶然事件"。此次巴黎的"偶然"正是普鲁士军队的存在这一点。"这一点，巴黎人是知道得非常清楚的。但是，资产阶级的凡尔赛恶棍们也知道这一点。正因为如此，这些恶棍才要巴黎人抉择：或是进行战斗，或是不战而降。工人阶级在后一场合下的消沉，是比无论多少'领导者'遭遇到牺牲更严重得多的不幸。工人阶级反对资本家阶级及其国家的斗争，由于巴黎人的斗争而进入了一个新阶段。不管这件事情的直接结果怎样，具有世界历史意义的新起点毕竟是已经取得了。"②

马克思给库格曼的回信，可以说是一篇既包含马克思对未来的冷静思考，又包含马克思对为自身解放而斗争的工人的真挚赞扬的文章。

未来社会论、"社会权"思想的源头

《法兰西内战》中还包含马克思对共产主义社会展望的

---

① 《马克思恩格斯选集》第十卷，人民出版社 2009 年版，第 354 页。
② 同上。

内容，以及有关走上共产主义社会的道路所要经历的变革的重要论点。

> 工人阶级并没有期望公社做出奇迹。他们不是要一纸人民法令去推行什么现成的乌托邦。他们知道，为了谋求自己的解放，并同时创造出现代社会在本身经济因素作用下不可遏止地向其趋归的那种更高形式，他们必须经过长期的斗争，必须经过一系列将把环境和人都加以改造的历史过程。工人阶级不是要实现什么理想，而只是要解放那些由旧的正在崩溃的资产阶级社会本身孕育着的新社会因素。[①]

将这篇简短的文章与"第一草稿"中略长些的文章进行对照，便产生了许多令马克思研究者有争议的问题。但是，有关这一点，由于迟早会有人对马克思的未来社会论（实际上，马克思在更多的场合，会使用"联合式的生产模式"来称呼共产

[①] 马克思：《法兰西内战》，人民出版社 2016 年版，第 64 页。

主义社会）进行概括、讨论，因此我先在这儿将这一问题提出来。

此外，巴黎公社的历史意义不仅限于倡导类似法国《人权宣言》、美国《独立宣言》的市民的"自由权"，其中非常重要的一点是面对工人在不断发展的资本主义国家中非常贫困这一现状，呼吁建立保障市民教育、最低生活标准的这一"社会权"思想。巴黎公社为将建立维护"个人尊严"的国家这一点写入宪法做了铺垫，是"社会权"的政治源头。这一点，与现代日本的市民运动所必须解决的问题、思想紧密相关。

这次的信也写得有点长了。正月结束，也已经开学了。之前与内田先生计划于 2018 年 3 月去美国旅游，不知道能否顺利"成团"呢？我听说现在的报名人数还没到最少的"成团"人数。我们计划的美国之旅是整整八天的旅行，因此算上准备工作，是否能够"成团"决定了我 3 月份的安排。如果届时我抱怨时差大的旅行太过辛苦，会不会被旅行社的各位责骂呢？

内田先生，接下来就交给你了。

内田树致石川康宏

2018 年 3 月 30 日

石川先生：

您好。去年底，我便收到了石川先生的信，而现在已经是 3 月底了。我隔了三个月才给您回信，实在是抱歉。

刚开始写《青年们，读马克思吧》的时候，我收到石川先生的信后，当天便开始写回信，书信大概一周便能往来一次。当时，我们书信往来的节奏控制得非常好。但是如今，我们书信往来的间隔则是一年比一年长了。这几年，对我而言，一口气写完回信变得越来越困难了。

书信往来的间隔变长的原因

为什么会变成这样呢？我稍微来讲讲其中的原因。石川先生也在信中提及了，2018 年 3 月我们本计划进行"青年们，读马克思吧——美国之旅"的。但是，由于报名人数没到最少"成团"数，因此我们最后没有去美国旅行。作为"赔礼"，我们在京都妙心寺举办了两天一晚的"马克思学习会之旅"。在那次旅行中，我与石川先生分别以"马克思和美国"（我本打算在美国进行这个演讲的）和"马克思是个怎样的存在"为题进行了演讲、对谈和提问答疑。我们打算将当时相关的记录和围绕《法兰西内战》的来往书信做成书出版（也就是本书）。大家能读到我的这篇文章，说明《青年们，读马克思吧Ⅲ》顺利出版了。谢谢大家！

在从学习会回家的出租车上，我们谈到为什么书信来往的间隔变长了这件事，其实理由如下。

大概从 10 年前起，日本进入了政治动荡期。不断有人询问我和石川先生对有关各政治事件的看法，不断被采访、进行演讲、写稿件、为选举声援、参加游行……书信来往的间隔变长了便是出于这一原因。特别是 2012 年安倍第二次当选首相以来，不断涌现出一些虽不是特别严重，但又不能放任不管的政治事件。如，改宪、《特定秘密保护法》、集体自卫权、《安全保障关联法案》、共谋罪、森友学园事件、加计学园事件等问题。因此，我们的工作量也大大增加了。

作为一名市民，我必须履行我的义务，没有什么可抱怨的。并且，有许多媒体来询问我们的意见，也就表明我们的意见、想法能够得到广泛传播。这与谁都不来问我们的意见、没有表达自己意见的机会相比，要好得多。对此我心怀感激。但是，越来越没有充足的时间一个人坐在书房静心阅读古典，感受先贤的智慧、让思绪任意驰骋，这确实是件痛苦的事。

我之前答应《福音和世界》这本基督教的月刊杂志，为其做一个需要耐心的"古典解读"工作，即为列维纳斯的《时间与他者》这一约 70 年前的演讲进行逐字解释。也只有在写相关的连载稿件时，我才能暂时摆脱俗世，耽于思索。对我来说，解读马克思也是借古典感受先贤的智慧，从而反观现实的难得机会。我本可以更加愉快地着手给石川先生写回信，但鉴于以上诸事，我实在没有充足的时间。

但是，由于我们没去美国旅行，因此我就多出了一周时间来准备"马克思学习会"的相关内容，我也得以聚精会神地阅读与"马克思和美国"相关的文献。我心中对马克思的热情也就此再次被点燃，按捺不住想对《法兰西内战》进行评论的热情，于是我便拿起了笔。

以上便是我的开场白。好久不写有关马克思的书信了，我决定好好享受这个过程。

终于发现的政治形式没有"后继者"

我重读了《法兰西内战》。我上次读《法兰西内战》还是 50 年前，那时我还是个学生。虽然《法兰西内战》还是《法兰西内战》，但时隔半个世纪，这回该书给我留下的印象与 50 年前大不相同。

石川先生在信中已经阐明了巴黎公社的历史意义及这本书的重要性，在这里我就不赘述了。我仅就自己非常关注的几点，来谈谈我的看法。

我是从这本书上接触到"公社"这个词的，半世纪前我还只是个学生。还不知道"公社"究竟是什么意思。所以，我用红笔画出了以下这段话。

> 公社的真正秘密就在于：它实质上是工人阶级的政府，是生产者阶级同占有者阶级斗争的产物，是终于发现的可以使劳动在经济上获得解放的政治形式。[①]

当时的我认为，既然断定这是终于发现的政治形式，那这应该是前所未闻的东西。原来如此，巴黎公社这种政治形势原来是第一次登上历史舞台啊！真了不起！但它竟受到资产阶级的暴力镇压，被彻底歼灭！许多公社的战士也因此英勇献身……实在是太悲惨了。我当时就是这么想的，我也只能这么想。但是，时隔半个世纪，如今，我的感想发生了很大的改变。

我明白，巴黎公社在马克思的时代是"终于发现的"、

[①] 马克思：《法兰西内战》，人民出版社 2016 年版，第 63 页。

前所未闻的政治形式。但是，我所关注的是这种政治形式有没有"后继者"。现在距巴黎公社的时代已有近150年的时间了，但是像巴黎公社那样的政治形式却再也没登上过历史舞台。这是为什么呢？

要是按照马克思所说的，在1871年，巴黎公社是革命实践的顶峰。那按道理世界各地应该会不断涌现出视巴黎公社为典范的革命实践（即使遭遇了失败）。但是，我从没听说过打着巴黎公社旗号的事例。比如"这种政治形式是巴黎公社的复活""这是巴黎公社在不同历史条件下所实现的政治形式，虽然其形态有些不同"等。我也没见过纲领性文件是"我们要为实现巴黎公社的理想而奋斗"这样的政治运动或是政治组织。

大家不觉得这很奇怪吗？

1871年之后，没有出现继承这个被马克思盛赞为"终于发现的可以使劳动在经济上获得解放的政治形式"的人，也没有出现将完成它作为自己历史使命的人。为什么在那之后，没有穷尽一生追求巴黎公社这一政治理想的人呢？

至少自那以后，在法国再也没出现过类似巴黎公社的东西了。在法国，1789 年、1830 年、1848 年、1871 年都有革命发生，这些革命间隔并不长。这些革命要么继承了之前的"革命先志"，要么克服了此前革命的不彻底性。但是，在1871 年的巴黎公社后，竟没有一个人试图继承巴黎公社的精神，批判地克服其不彻底性。1944 年 8 月 25 日，巴黎解放之时，在进军的自由法国军队中，在抗德运动的斗士中，没有一人高呼"如今我们赶走了压迫者，现在正是建立属于市民的自由政府的好时机"。1968 年，爆发了被称为"五月风暴"的群众运动。在当时，挤满街头的游行队伍中，没听到有人呼吁"现在正是推翻第五共和国、建立巴黎公社的良好时机"一类的口号。可能有少数人的确这样呼吁了（因为总会有管不住自己嘴巴的人），但是根本没有人搭理。也可能是我孤陋寡闻，说不定在世界某处也有打着"巴黎公社派"的旗号，有着一定实力的政治组织（如果有知道的人，请一定告诉我）。

　　这究竟是怎么一回事呢？为什么这个好不容易发现的政治形式没有"后继者"呢？下面就来谈谈我的想法吧。

为什么没发生本可能发生的事情

我在"马克思和美国"这节中也提到了，我在思考历史时，常会进行设问："为什么这件事发生了，而另一件'本可能发生的事'却没发生呢？"

这个方法是我从福尔摩斯·夏洛克那儿学来的。并不是从"既发生的事件"中寻找真相，而是基于"本可能发生却没发生的事"寻找真相。在"白银号事件"中，福尔摩斯就是从"为什么那晚狗没有叫"这一设问开始进行推理的。

为什么本可能发生的事情却没有发生呢？

如果不进行这一设问，就会存在盲区，就会无法接近暂未浮出水面的事实。有许多人会反复思考既发生事件的原因，但是能够思考"为什么本可能发生的事情却没有发生"的人实为少数。

我尊为师长的大泷咏一先生曾在广播节目《美国通俗音乐（Pops）传》中回顾过美国民歌的历史。从 1950 年 The Weavers（织工乐队）的 *Goodnight Irene* 起，到 1958 年 The

Kingston Trio（金斯顿三重唱）的 *Tom Dooley*，这几年间竟没有民歌能登上排行榜第一的位置。当时，大泷先生所关注的正是这点。面对这一问题，一般人可能会觉得这是因为"碰巧民歌在那个时期不流行"，但大泷先生却不这样认为。他抛出疑问："才华横溢的音乐家非常多，本可大受欢迎的民歌为什么一首都没有进入排行榜？"基于此，大泷先生发现这是因为 J. 埃德加·胡佛的反间谍计划和约瑟夫·麦卡锡的"麦卡锡主义"。非常受欢迎的 The Weavers 的成员被传唤至非美活动委员会，受到美国联邦调查局的监视。此外，其全部曲目都被从目录上抹去，还禁止广播播放。我们绝想不到，那个时代的人们只听摇滚舞曲和节奏布鲁斯。正因为抛出了"本该流行的音乐为什么没有流行"这个一般人不会问的问题，大泷先生研究明白了其真实原因。

我觉得大泷先生和福尔摩斯·夏洛克在推理的方法方面，有共通之处，这次我也想模仿一下。以下便是我的设问。

为什么巴黎公社虽被马克思盛赞为理想的政治形式，但在这之后，却连马克思主义者都不曾想过去继续完成它呢？

正是因为巴黎公社太过理想化

　　以下便是我的猜想。虽然巴黎公社是好不容易发现的政治形式，却也因此受到了血腥镇压，被彻底毁灭。它给后人留下了一个历史教训，即还是不要再进行那样的尝试比较好。巴黎公社后的革命家们（包括列宁），从这一历史事实中得出了以下教训：巴黎公社这样的政治形式是不可能的。如要进行革命，需采取不同的做法。

　　巴黎公社太过理想化了。我们可以从马克思在《法兰西内战》中引用的几个事例中得出这一点。马克思在引用的事实中，将凡尔赛可憎的不道德、丝毫不宽容的暴力以及被玷污的现实主义与公社清廉的道德、宽容以及纯粹到令人感动的政治进行了清晰对比。在历史上，鲜少有这样能够清晰分辨出善恶，分辨出哪方是好人、哪方是坏人的事件。至少，马克思在努力将这种印象传达给读者。

　　梯也尔谎称国民自卫军自己筹款购置的巴黎大炮是"国家财产"，对巴黎发动战争，并吹捧聚集起来的凡尔赛兵是享誉世界、法兰西有史以来最出色的军队。此外，在炮击巴黎后，梯也尔推卸责任，称"我们没有炮击巴黎，那是叛徒干的勾当"，并断言凡尔赛军所犯下的处刑、报复"皆是戏言"。与此相对，巴黎公社"把自己的所言所行一律公布出来，把自己的一切缺点都让公众知道"。①按照马克思的话来说，那正是"巴黎全是真理；凡尔赛全是谎言，是出自梯也尔之口的谎言"②。巴黎公社是一场政治正确且道德正确的革命，马克思对其进行了称赞。但是，马克思之后的革命家们却没这么做。因为他们认为巴黎公社正是因为这个才遭遇失败的。确实，列宁从巴黎公社得出的教训是：巴黎公社本可更暴力、更强权些；巴黎公社没有必要那么政治正确、道德正确。列宁如下写道：

> 镇压资产阶级及其反抗，仍然是必要的。这对公社尤其必要，公社失败的原因之一就是在这方面做得不够坚决。③

---

① 马克思：《法兰西内战》，人民出版社 2016 年版，第 70 页。
② 同上书，第 71 页。
③ 列宁：《国家与革命》，人民出版社 2015 年版，第 44 页。

列宁认为在"镇压资产阶级及其反抗"方面，需要更"坚决"。凡尔赛军曾对公社派市民使用了暴力，因此列宁认为公社派市民应以牙还牙，对资产阶级共和主义者、王党派、帝政派使用同样的暴力。公社派的暴力之所以是正义的，是因为公社派是"居民的多数派"。

> 既然是人民这个大多数自己镇压他们的压迫者，实行镇压的"特殊力量"也就不需要了！国家就在这个意义上开始消亡。大多数人可以代替享有特权的少数人（享有特权的官吏、常备军长官）的特殊机构，自己来直接行使这些职能。[①]

少数派运用所掌握的"特殊力量"行使暴力是恶，而不以国家权力为媒介、人民向镇压他们的压迫者直接行使暴力便是善。《法兰西内战》中并没有这样写。这是列宁从巴黎公社的"败因"中学到的。

---

① 列宁：《国家与革命》，人民出版社 2015 年版，第 44 页。

从旧体制过渡到新体制时所存在的问题

列宁从巴黎公社的失败中还"学"到了一个教训，那就是"国家机器"的问题。石川先生也指出了这一点。对于这一点，石川先生指出，列宁主张"粉碎国家机器"，而马克思承认了和平、不使用暴力进行革命的可能性。但是我对此有不同的理解。我认为反而是列宁承认了有效使用"现成的国家机器"的可能性。列宁是这样写的：

> 在公社用来代替资产阶级社会贪污腐败的议会的那些机构中。发表意见和讨论的自由不会流为骗局，因为议员必须亲自工作，亲自执行自己通过的法律，亲自检查实际执行的结果，亲自对自己的选民直接负责。代表机构仍然存在，然而议会制这种特殊的制度，这种立法和行政的分工，这种议员们享有的特权地位，在这里是不存在的……而没有议会制，我们却能够想象和应该想象，除非我们对资

产阶级社会的批评是空谈。①

我们称法律制定者和法律执行者分工合作的政体为共和体制，称由同一机构制定法律并执行法律的政体为专政体制。列宁评价巴黎公社为"没有议会制度"的民主主义，是专政的民主主义。

在阅读这篇文章时，关注点不同会造成对其理解的不同。比如，把重点放在代议制度"仍然存在"上同把重点放在"不存在"立法和行政分工的共和制度上，所产生的理解便会大不相同。我觉得列宁反而是想要强调制度本身的连续性。列宁没有对理想的统治形态进行幻想，而是试图彻底改变现存的统治体系。马克思也主张继承既存的制度。

> 马克思没有丝毫的空想主义，就是说，他没有虚构和幻想"新"社会。相反，他把从旧社会诞生新社会的过程、从前者进到后者的过渡形式，作为一个自然历史过程来研究。②

---

① 列宁：《国家与革命》，人民出版社 2015 年版，第 49 页。
② 同上。

列宁在这里强调了"从旧社会诞生"这一点，需要我们特别注意。列宁似乎想告诉大家，由于旧体制和新体制之间有连续性，因此在过渡的形式中，有必要反复使用既存的统治体系。

> 我们不是空想主义者。我们并不"幻想"一下子就可以不要任何管理，不要任何服从；这种由于不懂得无产阶级专政的任务而产生的无政府主义幻想，与马克思主义根本不相容，实际上只会把社会主义革命拖延到人们变成另一种人的时候。我们不是这样，我们希望由现在的人来实行社会主义革命，而现在的人没有服从、没有监督、没有"监工和会计"是不行的。[1]

在书中，被列宁称为"监工和会计"的就是官僚机构。列宁在此说到，无产阶级专政是通过"服从""管理""官僚机构"来实现的。

---

[1] 列宁:《国家与革命》，人民出版社 2015 年版，第 50 页。

"所需要的服从，是对一切被剥削劳动者的武装先锋队——无产阶级的服从。"①这句话中缺少的主语就是"除无产阶级以外的全体成员"。

　　无论再怎么读这句话，也很难将其理解为是对马克思的《法兰西内战》的解读。马克思之所以对巴黎公社表示高度赞扬，不是因为"服从""管理""官僚机构"在公社中高效地发挥着自己的作用，反而是因为他认为"工人阶级不能简单地掌握现成的国家机器，并运用它来达到自己的目的"②。马克思赞扬的是公社必须亲手创造新东西这一未决性和开放性。因为马克思认为不服从任何人、不管理任何人、任何人都主动承担公共使命这一点是巴黎公社最大的优点。

　　　　人们对公社有多种多样的解释，多种多样的人
　　　把公社看成自己利益的代表者，这证明公社完全是
　　　一个具有广泛代表性的政治形式，而一切旧有的政
　　　府形式都具有非常突出的压迫性。③

---

　　① 列宁：《国家与革命》，人民出版社 2015 年版，第 50 页。
　　② 马克思：《法兰西内战》，人民出版社 2016 年版，第 126 页。
　　③ 同上书，第 63 页。

马克思和列宁之间的不同认知

在马克思看来，巴黎公社最大的优点就是其道德上的诚实。公社不夸耀自己的无误性，"它把自己的所言所行一律公布出来，把自己的一切缺点都让公众知道"。[1]对于其带来的戏剧性变化，马克思感动地挥笔写道：

> 公社简直是奇迹般地改变了巴黎的面貌！第二帝国的那个花花世界般的巴黎消失得无影无踪。巴黎不再是不列颠的大地主、爱尔兰的在外地主、美利坚的前奴隶主和暴发户、俄罗斯的前农奴主和瓦拉几亚的大贵族麇集的场所了。尸体认领处里不再有尸体了，夜间破门入盗事件不发生了，抢劫也几乎绝迹了。事实上自从 1848 年 2 月以来的日子，巴黎街道第一次变得平安无事，并且不再有任何类警察……努力劳动、用心思索、战斗不息、流血牺牲的巴黎——它在培育着一个新社会的同时……正放射着它的历史首创精神的炽烈

---

[1] 马克思：《法兰西内战》，人民出版社 2016 年版，第 70 页。

的光芒！①

但是，不止列宁一个人认为巴黎公社过于理想主义，几乎所有的革命家都是这么认为的。因此，巴黎公社仅是"小众"的历史经验，在之后的150年间，再也没出现过其"化身"。以上是我的想法。

我不想被误会，所以我要说明一下，我并不是在说列宁的革命理论是错误的。既然列宁的革命理论能够使俄国革命取得胜利，那它一定是被实践证实了的优秀革命理论。但是，列宁没有正确地解读马克思的《法兰西内战》。

我想再补充一点。列宁没能正确解读马克思的《法兰西内战》不是因为其缺乏智慧，或是心存恶意故意为之。列宁以自己的方式，从巴黎公社的悲惨结局中学到了应该吸取的教训。此外，巴黎公社的确是次伟大的历史实践，其目标或许也十分崇高，但在列宁看来，那样以建立"新社会"为目标、高度灵活的革命运动在政治上是无效的。他认为要取得革命斗争的胜利，就不许采取与之相反的方式，需要能够最大限度地运用服从、管理和官僚机构的运动和组织。

---

① 马克思：《法兰西与革命》，人民出版社 2016 年版，第 70—71 页。

第 2 章　报告与评论：
马克思和美国

　　2018 年 3 月 27 日（星期二），在京都妙心寺大心院，内田树作报告，石川康宏对其内容进行了评论。以下是对这两部分进行整理、润色后的内容。

报告：

马克思·马克思主义和美国——接受和凋零

内田树

这在欧洲明明是知识分子身份的象征

我一直对"为什么马克思主义没能在美国扎根"这一事抱有很大兴趣。美国有马克思主义理论和运动的悠久历史。在英国、法国、德国、意大利、俄国等地都有各自的马克思研究，也有马克思主义运动。并且，这些都不是一时的现象，之后也不断掀起"回归马克思"这样的运动，也不断有人提出需重读马克思。只要是 20 世纪的思想家，基本都与马克思有所瓜葛。让·保罗·萨特、莫里斯·梅洛·庞蒂等人自不必说，就算是看似与马克思主义毫无关联的罗兰·巴特、克洛德·列维·斯特劳斯的学说也受到了马克思的影响。而雷蒙·阿隆、卡尔·波普、弗里德里希·哈耶克等人的思维则从"如何批判马克思"这一问题意识中得到了锻炼。因此没有马克思就没有他们的学说。

也就是说，在欧洲，如何读解马克思曾是知识分子身份的象征。但是在美国，情况则大不相同。在美国，对马克思主义进行肯定或是否定的评价，对知识分子来说并不是紧急的思想课题，也不是衡量思想成熟度的指标。虽然我们总把欧洲和美国捆绑在一起，称为"欧美"，但是为什么在马克思主义这方面，美国却与欧洲不同呢？

容易被"已发生事件"的因果关系所局限

为什么马克思的思想在美国没有扎根呢？

一般人在对历史进行设问时，会思考"为什么该事件发生了呢"？我不是历史学家，因此我更愿意从"为什么'本可能发生的事情'却没有发生"这一角度去思考问题。

我们总是只顾"已发生事件"。并且，我们常试图把几件"已发生事件"联系起来，寻找其中的因果关系；试图归纳出"贯穿历史的铁律""理性显现的过程""看不见的手"。虽然这的确也是很聪明的方式，但是或许还有其他的思考方法。那就是"为什么本可能发生的事情却没有发生"这一设问方法。

无论是何时，未来都是未知的。谁都不知道未来会发生什么，谁都无法对未来进行准确的预测。虽然对于会发生的大概率事件，我们会事先准备好"计划 A""计划 B""计划 C"，但是实际上，常会发生预料外的事，导致事先准备的计划全部作废。这样的情况已是家常便饭。

问题在于，在过去的某个时间点，当"本预料会发生的大概率事件"没有发生时，我们忘记了一个事实——做了那样预测的人是我们自己。

但是，我决定忘记自己在过去的某个时间点，是如何对未来进行预测的，又是如何对其进行思考、判断、行动的，是不利于验证自己的思维活动的。无论何时，我们都会对未来进行预测。我们便是活在这些期待中。但是，当"过去对未来的预测"落空时，我们就会完全忘记当初自己是如何理解世界、提出了怎样的假说。如果推脱说"现实太过变化莫测，我们也无能为力"，那就真的是无能为力了。但是，我总觉得这有些对不起过去的自己。

我女儿在初中、高中时代，在学校完全不学习。长大后，她告诉我："我无意中明白了当时自己为什么完全不学习的原因。"据说她当时一直有些相信"诺查丹玛斯大预言"。诺查丹玛斯曾预言世界将在 1999 年 7 月灭亡。女儿告诉我："这样的话，即使学习了也没用。"据说女儿那代人中有许多人都抱着这样的想法。原来如此。1999 年 7 月世界没有灭亡（幸好），因而大家也就一下子忘了自己高中时不好好学习的原因。

福尔摩斯的"倒推式推理"

福尔摩斯·夏洛克阐明了一种与"将既有事实联系起来，并探求其因果关系"不同的推理方法。

福尔摩斯自己将这一推理方法称为"倒推式推理"

（reason backward）。他向华生解释道：

> 大部分的人在知道某件事件时，首先考虑的是
> 之后会发生的事情。但是，当知道某件事件发生
> 后，能够凭借独特的思维活动，思考该事件发生前
> 发生了什么的人实为少数。我想将这种能力称为
> "倒推式推理"或"分析式推理"。

福尔摩斯所说的"倒推式推理"指的是，当得知某件事件发生时，不思考"接下来会发生什么"，而是将事件倒推回去，思考"该事件发生前发生了什么"。其前一阶段也包括"预测会发生但实际上却没有发生的事"（如"诺查丹玛斯大预言"）。对于很有可能发生的事件，我们便会对此进行预测并采取行动。但是，一旦该事件没发生，我们便会不知道为什么自己"会做那样的事情"。"事后诸葛亮"，换句话说就是"不承认自己之前的预测落空"了。事实上，大部分人都是在"事后诸葛亮"的基础上去谈论过去的。

我提出了"为什么马克思主义没在美国扎根"这一问题。我想应该有很多人觉得我这一问题很"愚蠢"吧。说不

定大部分的历史学家都觉得我这一问题很"愚蠢"，对这一问题不予理会。他们一定认为"讨论没发生的事件没有任何价值"。但这仅仅是"事后诸葛亮"。

比如说 1919 年，如果有人要在美国媒体上声明："讨论'马克思主义为什么没有在美国扎根'这一愚蠢的问题是浪费时间"时，就必须做好相应的思想准备（至少做好被共产主义者群殴的思想准备）；再比如说 1950 年，如果有人要在美国上议院的非美活动委员会上陈述相关证词，也需要做好同样的思想准备（被麦卡锡怀疑不爱国的思想准备）。这是因为曾有一段时间，一部分活动家和一部分司法官僚一致认为"马克思主义扎根于美国社会"，并基于此制定活动方针、政策决定。我们曾预测在过去的某一时期，美国是马克思主义的理论和运动的一大中心地，是马克思主义运动的据点。而如今我们却忘记了这一事实。美国的确是存在过这样的一段时期的，只不过其之后的发展与我们的预测大为不同而已。

为什么马克思主义之后的发展与多数美国人一致认可的预测相偏离了呢？到底发生了什么呢？我觉得对此进行追问

绝不是愚蠢的。虽然历史学家可能对这一问题不感兴趣，但是我想至少在美国联邦调查局的某部门，曾有人提出了这一问题，甚至也提交了相关报告。只是因为其可能被盖上了"对外保密"的印记，最终没有公布于世。

基于最近对马克思和美国的相关研究

2016 年，我们前往德国和英国旅行了。当时，我们在马克思的故乡特里尔，听了勃兰登堡科学院的于尔根·赫雷斯博士的讲座。在当晚的聚餐上，我说道："我对马克思在美国的接受程度很感兴趣，但苦于找不到相关的研究书籍。"于是，赫雷斯博士便告诉我："最近刚出了相关的研究书籍。但是我忘记了书名，之后发邮件告诉你吧。"

那晚，我将这段对话发到了推特上。没想到不一会儿就有粉丝给我留言说："您说的是《未完成的革命：卡尔·马克思和亚伯拉罕·林肯》吗？"于是，我立马在亚马逊上进行了搜索，将文本下载下来，第二天便开始了阅读。现在的生活真是方便啊！

回到日本后，我又以"美国"和"马克思"为关键字进行了搜索，找到了好几本相关书籍。今天，我的演讲便是基于这些研究成果而写成的。虽说是我的"愚见"，但我一会儿要说的都是不太被人们所知晓的历史事实，因此我想将这些与大家分享，希望能有助于大家增强对马克思的理解。

"为什么马克思主义没在美国扎根呢？"在我看来，这是因为"同时出现了几个偶然事件"。不存在特别的历史必然性。也就是说，马克思主义本可能扎根美国。20世纪的美国知识分子们本可能至今仍在阅读马克思、引用马克思、谈论有关马克思的内容。本来是有这种可能的。

但是，由于几个偶然事件同时发生，因而马克思主义没有扎根美国，使得美国人变成现在的样子，进入20世纪后，竟将特朗普这样的人选为总统。偶然发生的事情彻底改变了之后的世界，现在的美国就是这样的国家。我觉得如今美国的众多国情都和"马克思主义没在美国扎根"这一历史偶然事件相关。

转变为现在这种石油驱动型产业模式的原因

在讲马克思主义之前，我想再谈谈使美国变成现在这样的国家的其他历史偶然事件。

奴隶制是使美国资本主义的诞生成为可能的初期条件之一。在马克思那个时代的美国，先不说"劳动遭到排挤"，甚至还存在奴隶制这一非近代的制度。当时，美国人在倡导《独立宣言》这一近代市民社会教科书般的统治理念的同时，实际上还保留着奴隶制。

奴隶是种资源。从奴隶贩子手上买入奴隶的初期费用非常高，但是一旦交易成功后，便不再需要支付奴隶工资。不仅如此，还能让奴隶像家禽般繁殖。这个世界上不存在搁置不管便能自己变多的资源。美国的资本主义在很大程度上是建立在奴隶制这一特权资源上的。

但是，林肯在南北战争中废除了这种奴隶制。因此，美国失去了特权资源。但是，之后发生了一个偶然事件，弥补了奴隶制的"缺席"。这一偶然事件便是发现了石油。1901年，得克萨斯州"纺锤顶"（Spindletop）油田的日产量高达

10万桶石油。在当时看来，这一新资源基本上是取之不尽用之不竭的。于是，美国的产业结构转为以化石燃料为支撑。而世界其他各国也纷纷效仿这一产业模式，基于这一产业模式构建社会。当今（21世纪）社会的能源结构仍以化石燃料为主。但是，仔细一想便能发现这也是一个偶然的结果。在得克萨斯州发现油田时，美国的国内生产总值（GDP）已经位居世界第一了。其实力足以决定世界产业结构的标准。因此石油驱动型社会便形成了。若美国没发现石油，那恐怕会出现其他资源驱动型的产业模式，这之后的世界形态应该也会与现在大不相同吧。

因"移居北美"而脱离普鲁士国籍的马克思

我觉得与上述事例一样，马克思主义没在美国扎根，也是因为发生了一些偶然事件。也就是说，马克思主义本有在美国扎根的可能性。我产生这种想法的原因之一，便是我得知马克思自己也想去美国。以下是《未完成的革命：卡尔·马克思和亚伯拉罕·林肯》中对这一点的记述。

年轻的马克思曾认真考虑过搬去美国，特别是得克萨斯州居住。他甚至写信给其出生地——特里尔的市长，希望拿到申请移民所需要的相关文件。

卡尔·马克思本有可能成为"得克萨斯州人"。1845年，马克思因"移居北美"而脱离了普鲁士国籍。马克思为什么想移居美国呢？当然，这主要是因为马克思希望摆脱普鲁士政府没完没了的政治镇压。除此之外，还有一个原因——马克思认为美国有望成为新工人运动的据点。

美国对马克思最大的吸引便是其《宅地法》。从19世纪40年代起，美国便开始接受来自欧洲的移民。为帮助这些移民实现经济自立，美国制定了相关的法律制度，出让公有土地。宅地是"自耕农场"的意思。但是，该制度的普及会威胁到奴隶制，因此南部各州对此表示强烈反对。南北战争的争论点之一便是有关《宅地法》能否实施的南北对立。

呼吁制定《宅地法》的活动始于1844年，但相关提案无数次被议会否决。南部各州脱离合众国后，议会中也就没了反对者，该法案也终于在 1862 年通过了。该法律规定凡申请时年满二十一岁的美国公民或符合入籍规定申请加入美国国籍的外国人，一家之长或在军队的时间超过两周以上的人，从未叛逆合众国者，在宅地上居住、搭建房屋并耕种满五年，在缴纳十美元的手续费后就可无偿获得一百六十英亩的宅地。

该法律被通过后，众多欧洲人得知移居美国后，政府会提供作为自营农所必需的物质基础，便纷纷前往美国。《宅地法》使美国能够迅速对西部进行开发，是一部具有历史意义的重要法律。而马克思则看到了其更深远、重大的意义——该法律有助于开展马克思所构思的社会运动。

最早的《宅地法草案》是在 1844 年被提出的，而马克思则在 1845 年就计划移居北美了。在美国，在政府和议会的主导下，可以制定出这样公正、人道的法律。我想马克思大概就是从这一点中看到了希望。

实际上，曾有许多德意志人民计划移居北美。在西部大开发的时代，许多德意志人民移居美国，在政治上颇有一定的影响力。美国历史基本上没有对此进行详细描述，但是不可否认，这是非常重要的历史事实。1848 年革命令德意志的部分人民下定决心离开欧洲移居新大陆。

在美国有众多德裔移民的原因

1848 年，德国爆发了"三月革命"。该革命试图推翻维也纳体系，确立自由主义立宪政体。国民议会在法兰克福召开，德意志全体民主主义者都沸腾了，他们期待能够就此成立立宪民主政权。但是，这次运动遭到了反动政权的暴力镇压。无论是奥地利帝国，还是法兰西，其所有的市民革命都在 1848 年遭遇了失败。"革命之梦"破碎的德意志、奥地利帝国的活动家们，为逃离政治镇压、寻求新生活，便纷纷移居至美国、英国、澳大利亚等地。

来自德意志和奥地利帝国的移民数量众多。有统计表明，仅 1853 年这一年间，从德意志移居至美国的移民就达到了 25 万人。由于这场大规模移民是 1848 年革命所引起的，因此该集团被称为"Forty-eighters"（"48 年人"）。这群人在故国不仅很活跃，还基本都是高学历者，拥有较高的社会能力，因此他们在移居国也占有重要的社会地位。

从德意志移居至美国的移民者们基本都居住在密歇根州、伊利诺伊州和威斯康星州一带。因此，这些土地在之后成为新产业据点的同时，也成为左翼运动的一大据点。密歇根州、威斯康星州和伊利诺伊州正是 2016 年总统选举时，将票投给唐纳德·特朗普，构成"铁锈地带"（Rustbelt）的区域。但是 150 年前，这片土地曾是逃难至美国的自由主义者、社会主义者们的聚集地（顺便说一下，特朗普是德裔美国人）。

众所皆知，恩格斯曾帮助这些"48 年人"进行逃亡、移居。逃亡至英国的活动家们拜访了恩格斯，从恩格斯处获得路费，在恩格斯的帮助下逃离"旧土"，朝着新天地迈进。恩格斯自己也在马克思去世后，于 1888 年访问了美国。恩格斯去美国是为了见弗里德里希·佐尔格。

弗里德里希·佐尔格是德裔移民，于 1870 年建立了第一国际（国际工人联合会）美国支部。他是"48 年人"的典型代表，因参与革命之罪被判处死刑，逃亡至瑞士、比利时、伦敦，于 1852 年抵达纽约。他于 1857 年组建的纽约共产主义者俱乐部（New York Communist Club）大概是由德裔革命家所组建的美国最早的共产主义者团体。佐尔格曾于1871年率领2万名工人，进行了支持巴黎公社和要求八小时工作制的游行；1873年，当第一国际总部转移到纽约时，佐尔格担任其总书记。

听到这点，可能会有很多人感到震惊吧？但是，在1873年，纽约的确就是世界工人运动的一大据点。此外，当时第一国际的总书记还是美国人。

因此，马克思当然非常关心工人运动在美国的开展和深化了。

《路易·波拿巴的雾月十八日》是为美国杂志写的文章

《新莱茵报》停刊后的马克思、恩格斯有一位志同道合者——约瑟夫·魏德迈（Joseph Weydemeyer）。他也是在1848年革命后逃亡至美国的一员。他计划在纽约出版名为《革命》（Die Revolution）的德语杂志。1851年，法国爆发了路易·波拿巴政变。但是，大家并不清楚这究竟有什么样的历史意义。的确，这是件令人费解的政治事件。想要听到犀利、到位的解说，那就只能求助在伦敦的卡尔·马克思了。于是，魏德迈委托在伦敦的马克思，希望他能用德语为居住在美国又说德语的人写一篇解说文章。马克思答应了他的请求，写下了《路易·波拿巴的雾月十八日》。

我认为《路易·波拿巴的雾月十八日》是马克思"最杰出的作品"。在这部作品中，马克思作为"写实作家"的天赋发挥得淋漓尽致。

最不可思议的是，该书的写作素材非常"无聊"。二三流的政治家、军人一个接一个地出场，出于无聊的原因而做一些没用之事。在这部写实作品中，尽管一个能让人产生共鸣的人物都没有出现，但作为一本读物，其品质依旧非常高。我想这是因为此次写作涉及多个方面，非常复杂——在伦敦的马克思为向居住在美国又说德语的人解说在法国发生的事件而给纽约的杂志写稿。在这种情况下，马克思为将事情"解说"清楚，不得不发挥出其过人的写作能力。

距路易·波拿巴发动政变已过去将近170年了，可能已经没有人记得这一政治事件了，并且应该也没有人认为它在历史发展中具有特别的重要意义吧！但是，马克思的"解说"仍流传于世，被世人不断翻阅。也就是说，事件的历史重要性与马克思对该事件所写的解说的"知识"价值不相关。

为纽约发行量最大的报纸撰稿

《路易·波拿巴的雾月十八日》在《革命》杂志上登载后，同年，马克思开始为《纽约论坛报》（*New York Daily Tribune*）写连载。我猜测，读了马克思的《路易·波拿巴的雾月十八日》后，《纽约论坛报》的总编辑霍勒斯·格里利大概是这么想的："就让这个住在伦敦的新闻工作者写些分析国际政治、国际经济的文章吧。"

格里利是代表当时美国自由主义立场的政治家、编辑，他积极推动《宅地法》的制定，颇为有名。因此，马克思自然也是知道格里利的。但是，格里利不一定读过马克思的《共产党宣言》《〈黑格尔法哲学批判〉导言》等作品。因此，格里利应该不是因为欣赏马克思的作品才起用马克思的。

《纽约论坛报》创刊于 1841 年，其发行量达到 20 万，在当时纽约发行的所有报纸中排名第一，甚至可以说其发行量在全美国也是第一的。在纽约人口数为50万时，其发行量达到20万，从这个数字中应该能感受到其读者之多。在19世纪40年代到70年代间，《纽约论坛报》是美国最有影响力的媒体。马克思则定期为该报纸撰稿。

马克思在移居伦敦前，并不是非常擅长英语。但自从被聘为《纽约论坛报》的特派记者后，他便开始努力学习英语，用英语写文章。1852年到1861年间，马克思一直在为《纽约论坛报》工作。

在这期间，马克思写了400多篇文章，其中有84篇文章被用作《纽约论坛报》的社论，以匿名的形式发表。在这个时期，马克思便是靠特派记者的工资维持生活的。

也就是说，每10天《纽约论坛报》的读者就能读到一篇马克思的文章。马克思开始为《纽约论坛报》写稿，距南北战争爆发刚好10年。马克思对英国帝国主义、德意志殖民统治、清朝没落、美国奴隶制度等在世界上发生的各事件进行了详细且到位的分析，而美国支持自由主义的20万市民则阅读《纽约论坛报》，阅读马克思的这些分析文章。因此，这对美国社会舆论的形成也多少有点影响。在该时期的美国媒体中，大概没有像马克思这样学识渊博、能够站在广阔的历史视角去讨论世界政治经济问题的媒体工作者。虽然，可能有人在某个特定领域比马克思懂得更多，但是有能力处理各种类型的事件，并条理清楚地对其进行解说的人，大概只有马克思一人了！

马克思超越了各国史的框架

我们常以学习各国史的方式去学习世界史。但是，仔细想想，你就会发现这很奇怪。国民国家是近代后才成立的政治单位，因此若以现存的政治结构为前提，并通过该结构去叙述过去的事件，我们便会自动"筛去"一部分内容——在国民国家形成前或者形成过程中所发生的、与后来国民国家的"故事"所不相容的部分。

像马克思这样的人物，究竟该归入哪国的"国民国家故事"呢？马克思出生于普鲁士境内，但其父母都来自历史悠久的犹太拉比世家。马克思为摆脱政治压迫，辗转法兰西、比利时、英国，归还普鲁士国籍后，直至去世都是名无国籍者。

像这样的人物究竟应该归入哪国的历史中进行讨论才合适呢？或许会作为"小插曲"出现在其"曾住地"的史书上吧。马克思从1848年起到去世的35年间，一直居住在英国。但英国的历史学家也不会因其在英国住过就把他视为"英国的思想家"吧？何况，在美国的历史中应该也没有马克思的"专属地"。但是，马克思曾是美国发行量最大的报纸的特派记者，并以此谋生。因此，马克思所写的文章对美国舆论的形成多少还是有点影响的。

但是话又说回来，大概不会有历史学家专门在美国的历史书中分出一节来讨论有关19世纪马克思对美国的影响的。这是因为"住在伦敦且无国籍的德意志逃亡者影响了美国人的思维方式"这一点本身就不符合国民国家史观。但是，若以这种固定的观念去审视历史，我们就容易从整体上忽略历史的某一侧面。

魏德迈和美国

前面我们提到了两位与马克思志同道合者——约瑟夫·魏德迈和弗里德里希·佐尔格。无论是在美国历史上，还是在马克思主义的历史上，这两人都是很重要的人物，因此在这里我想对这两位人物的生平事迹进行略详细的介绍。

约瑟夫·魏德迈生于 1818 年，卒于 1866 年。他与马克思同年出生。魏德迈是马克思、恩格斯的老朋友，任《新莱茵报》编辑。在他的协助下，《德意志意识形态》得以出版，并委托马克思为杂志撰写《路易·波拿巴的雾月十八日》，仅从这两点就能得知，他对马克思主义思想的形成及传播起到了很大作用。

魏德迈是"48 年人"之一，他在进行了一段时间的地下出版活动后，于 1851 年移居美国。1853 年，他集结了 800名德裔移民，参与创建了美国最早的马克思主义组织——美国工人联合会（American Worker League）。该联合会首先需要解决的问题便是迅速赋予移民市民权、缩短工作时间、禁止儿童劳动、呼吁国家支援贫困家庭接受学校教育等。其最重要的使命便是呼吁所有工人团结起来——不论职业、语言、人种、性别。

南北战争的爆发一下子提高了德裔移民的政治影响力。战争爆发时，魏德迈运用其在普鲁士积累下来的军队经验，先后被任命为北方联邦军中校、上校，在密苏里率领炮兵连队打响了圣路易斯攻防战。无论是在战时还是战后，他一直与第一国际合作，努力组织美国工人运动。但是，南北战争结束后，他便不幸病故。

魏德迈的一生跌宕起伏又丰富多彩。魏德迈年轻时，与马克思、恩格斯一起参与了1848年的革命，被故国驱逐，在新天地美国寻求生路。他在美国建立女性工人、黑人工人都可平等加入的先进政治组织，借《路易·波拿巴的雾月十八日》将马克思介绍给美国读者，将德裔移民组织为林肯的支持者，试图通过他们将马克思主义思想反映到共和党政策中。南北战争爆发后，他与30万名德裔移民一起加入北方联邦军，为北方军的胜利作出了巨大贡献……

但是大部分人都不知道，美国最早的马克思主义政治组织的创立者是林肯的支持者，曾在南北战争中担任指挥官这一历史事实。我也是在做了"马克思和美国"这个课题后，查了相关资料才知道的。这是因为我们习惯于借助各国史来审视过去，因而坚信马克思和美国没有丝毫关联。我们也因此认为马克思主义不可能扎根于美国。但是，正如我反复强调的，这都是所谓的"事后诸葛亮"。

南北战争前，马克思和美国存在着紧密联系。其一，"48年人"的德国移民在美国有很大的政治影响力，这与居住在伦敦的马克思有很大关联。其二，1852年到1861年间，马克思通过《纽约论坛报》，不断影响着美国自由主义者的舆论形成。其三，马克思视林肯在南北战争中所制定的《宅地法》为"共产主义的先驱形态"。

佐尔格和美国

综合考虑以上事实，我们可以想象，"此后，马克思主义运动可能在美国得到深化和发展"。但是，这件事却没有发生。这是为什么呢？这便是我今天演讲的主题。在进入下一部分内容前，我还想再谈谈另一个令我印象深刻的人物的生平事迹。

　　弗里德里希·佐尔格，生于 1828 年，卒于 1906 年。也就是说他比马克思和魏德迈小 10 岁。他参与了德国的 1848 年革命后，被宣判死刑，逃亡至美国。1857 年，为反对奴隶制度，他创设了"纽约共产主义俱乐部"。1857 年，也就是佩里来航 4 年后。当时，日本处于德川幕府时期，是幕府末年动乱开始之时。纽约共产主义俱乐部便是在那时建立起来的。南北战争结束、魏德迈去世后，佐尔格成为美国马克思主义的主要倡导者。1869 年，他与 46 名志同道合者成立了第一国际纽约支部，成员多达 2 万人。

　　黑人工人、女性工人也加入了第一国际纽约支部。前面我也提到了，1871 年巴黎公社时期，第一国际美国支部进行了游行示威，呼吁 8 小时工作制、劳动和工资的平等、支持巴黎公社。之后，第一国际因巴枯宁派和马克思派的对立而分裂。1874 年，第一国际便将总部从伦敦迁至纽约，佐尔格被选为第一国际中央委员会总书记。

　　马克思去世后，恩格斯于 1888 年前往美国拜访佐尔格。当时，佐尔格已离开政坛，在为德国的马克思主义杂志撰写有关美国社会主义历史的连载文章。他被称为"美国近代社会主义之父"。

最后再补充一点，弗里德里希·佐尔格的侄孙是佐尔格事件的主角——理查德·佐尔格。理查德·佐尔格的伪装身份是纳粹德国的新闻工作者，而实际身份则是在日本从事谍报工作的苏联间谍。他的祖父辈是颇负盛名的马克思主义者，真可谓"将门出虎子"。

马克思给林肯的祝词和答礼

知道以上这两位人物的生平事迹后，大家便能大致了解到马克思主义在美国的历史了。"48年人"邀请马克思为《纽约论坛报》撰写文章，"48年人"支持林肯、加入北方军，第一国际的总部迁至纽约，马克思主义工人运动在美国展开……其中，最令人印象深刻的"小插曲"大概就是1864年林肯再次被选举为总统时，马克思代表第一国际向其发去贺电这件事。有关这一点，请允许我引用《未完成的革命：卡尔·马克思和亚伯拉罕·林肯》的原文。

IWA（国际工人协会）中央委员会委托卡尔·马克思起草给林肯再度当选的贺信。共和党的口号是"自由的劳动、自由的土地、自由的人"（Free Labor, Free Soil, Free Men）。共和党选择此作为口号是为了强调自己与南部"奴隶权力"（Slave Power）相对立的立场。虽然该口号本身有些笼统，但它旨在赋予工人权利、土地及承认。它本身并不是反资本主义的，但是，借马克思的话来说，这是朝着正确方向的一大步。

贺信发出后一个月，美国驻英大使便向第一国际转达了林肯的谢词。大使这样说道：

美利坚合众国正在同企图维持奴隶制的叛徒们进行斗争。在这场斗争中，我们需要人性的大义。正是因为欧洲工人支持的话语，美利坚合众国才有新的勇气继续斗争下去。

林肯收到了马克思起草的贺信，并通过大使向第一国际事务局传达了其答谢语。正如我反复强调的一样，由于我们以学习各国史的方式去学习世界史，因此我们从未思考过林肯和马克思是同时代的人物，没想过林肯成功连任时，二人之间（虽是通过大使）曾进行过"交谈"等。由于我们的思想受到禁锢，坚信"美国和马克思之间毫无联系"，因而我们没能从整体出发，把握住这些事实。

失去马克思的巨大丧失感

从我制作的年表（见表 1）中大家能够清晰地看到许多历史事件。比如，1876 年第一国际解散，1883 年马克思去世。在这张年表中，从 1883 年起到 1917 年俄国革命为止，都是空白的。1848 年革命起，在美国如火如荼地进行着的，有关马克思主义的各种运动在这里（1883 年至 1917 年）就突然中断了。这片空白很有深意，大概是因为马克思的去世对共产主义运动造成了沉重打击吧！

表1 年表：马克思·马克思主义和美国

1848 年	德国"三月革命"革命失败后，众多德意志市民移居美国，形成被称为 Forty-Eighters 的美国左派的中流砥柱。
1851 年	约瑟夫·魏德迈计划发行纽约的德语杂志《革命》，委托马克思为其撰稿。《路易·波拿巴的雾月十八日》于 1852 年 5 月在该杂志上登载。
1857 年	弗里德里希·佐尔格成立"纽约共产主义俱乐部"。
1864 年	9 月 28 日，第一国际成立。11 月 8 日，林肯再次当选美国总统，马克思发去贺信。
1869 年	佐尔格成立第一国际纽约第一支部。
1876 年	第一国际解散。
1877 年	佐尔格成立美国社会主义劳工党（Socialist Labor Party of America）。
1883 年	马克思去世。
1917 年	俄国革命。
1919 年	9 月，成立共产国际。美国共产党（Communist Party of America）和共产主义劳工党（Communist Labor Party）结党。埃德加·胡佛进入司法部。同年 11 月起至 1920 年 1 月，司法部长帕尔默展开大搜捕，造成"红色恐慌"（Red Scare）。共产党转入地下。
1920 年	无政府主义者萨科和范塞蒂被逮捕。（1927 年执行死刑）
1924 年	美国共产党合法化，威廉·泽布朗·福斯特（William. Z. Foster）被指定为党的领导人，但遭到共产国际拒绝。查尔斯·鲁登堡成为第一任党的领导人。列宁去世。

1927 年	放逐托洛茨基。
1928 年	基于共产国际的"第三时期"理论，美国共产党走向极左。放逐托洛茨基派。
1929 年	杰伊·洛夫斯通（JayLovestone）遭到斯大林放逐。同年，出现大萧条。在斯大林的支持下，威廉·泽布朗·福斯特成为党总书记。
1932 年	福斯特被选为美国总统候补（获得 10 万票）。
1935 年	在共产国际第七次代表大会上，通过"人民阵线"路线。
1936 年	美国共产党支持新政。人民阵线成为一定的政治势力。
1937 年	组织亚伯拉罕·林肯大队，派遣义勇军参加西班牙内战。
1939 年	美国共产党党员人数达到 10 万人，达到顶峰。知识分子、自由主义者逃亡。
1941 年	德国对苏联发动攻击，放弃和平政策，苏联请求罗斯福支援，请求其加入战争。和人民阵线派和解。美国内的"反共"感情得到暂时缓解。
1943 年	共产国际解散。
1944 年	党的领导人厄尔·白劳德（Earl Browder）成立共产主义政治协会（Communist Political Association），试图建立人民阵线永久的共斗体制，但是 1945 年被放逐。尤金·丹尼斯（Eugene Dennis）成为党的领导人。

1948 年	前党员伊丽莎白·本特利（Elizabeth Bentley）告发政府内部的共产党间谍（是胡佛指使的）。在总统选举中没被民主党提名为总统候选人的罗斯福政权副总统亨利·华莱士以进步党身份参与选举，美国共产党给予支持，但遭到惨败（仅获得 2.3% 的投票）。共产党和民主党的合作关系结束。前共产党员惠特克·钱伯斯（Whittaker Chambers）坦白罗斯福亲信阿尔杰·希斯（Alger Hiss）的真实身份为苏联间谍。
1950 年	约瑟夫·麦卡锡指出共产主义者潜入国务院。德裔犹太人罗森堡夫妇因被指控将有关曼哈顿计划的机密情报泄露给苏联而被逮捕。朝鲜战争爆发。
1953 年	罗森堡夫妇被处以死刑。
1956 年	在苏联共产党第二十次代表大会上，赫鲁晓夫批判斯大林。
1958 年	格斯·霍尔（Gus Hall）取代丹尼斯成为美国共产党的领导人。党员减少至 3000 人。20 世纪 60 年代以后，支持苏联进攻捷克斯洛伐克、阿富汗。批判毛泽东主义。批判波兰连带运动。
1989 年	美国共产党批判米哈伊尔·戈尔巴乔夫的改革路线。苏联停止对美国共产党的秘密援助。美国共产党陷入瓦解状态。1994 年，党员人数为 1000 人，在政治上基本势单力薄。

　　对现在的我们来说，马克思是已死之人，从最开始起便是过去的人。但是，对那个时代的人来说却并非如此。对他们来说，马克思"方才"还活着。马克思与他们是同时代

的人，同样满怀希望，同样体验过幻想破灭的滋味，同样受到压迫，同样被迫过着逃亡生活，同样饱尝生活的辛酸；每当他们埋头研究实际的政治课题时，马克思总会给其以理论支持，会为他们讲解当时世界上所发生事件的历史意义，并为他们指明前进的方向。和马克思生活在同一时代的这种"可靠感"与马克思去世所带来的"丧失感"究竟是什么样的感受呢？这是"马克思去世后才出生的一代"所无法想象的。

在我们的印象中，晚年的马克思就宛如一名隐士，是位"一直待在大英博物馆写《资本论》的人"。但是，这与事实不符。世界上的工人运动与生前的马克思有着某种联系。工人运动从马克思的著作中汲取养分和活力。因此，每当世界上发生一些重大事件时，无论赞成与否，大家都会条件反射般地思考"马克思会对此作出怎样的解释、分析呢"，会等待马克思"发声"。然而马克思却在1883年去世了。马克思之后，再也没有能代替他、为大家条理清晰地解释各种事件的人了。也就是说，"自那之后只能靠自己去思考了"。

"美国梦"和政治腐败的"镀金时代"

实际上马克思去世以前，美国的工人运动就已开始步入停滞状态。这是因为南北战争结束后，美国迈入了资本主义急速发展的阶段。1870 年到 1900 年的 30 年间被称为"镀金时代"（The Gilded Age）。命名者是马克·吐温。这与英国的"维多利亚时代"和法国的"美好时期"基本处于同一个时期，是经济急速发展的时代。所有行业的工人工资飞涨，19 世纪 60 年代到 90 年代，工人的工资上涨了 60%。

1869 年横贯北美大陆的铁路开通，1890 年宣布边界消失，西部开拓时代结束。这意味着失去了适用于《宅地法》的公有土地。1901 年发现"纺锤顶"油田时，美国的工业生产总值已位居世界第一。

横贯北美大陆的铁路的开通，不仅完善了交通网络，还有更深层的意义。即铁路这一巨大商机的诞生。这在此前的欧洲几乎是不存在的。卡内基、洛克菲勒、摩根、赫斯特、古根海姆、斯坦福等，以及之后的"铁路大亨""报纸大亨"

"石油大亨"等被称为"××大亨"的大富豪也都是在这个时期出现的。"美国梦"这一词也是在这一时期出现的。在那个时期，人们都坚信无论多么贫穷，只要努力工作，谁都可以获得社会地位上升的机会。当然也存在贫富差距，19世纪90年代从俄罗斯、东欧涌入美国的犹太人，来自中国、日本的移民们受到了严重的差别对待，就业机会受到很大限制。尽管如此，但"大饼"却越摊越大。在"大饼"越摊越大的时期，即使在分配中存在一些差异，人们也不会感到太愤怒。

"镀金时代"的另一个特征是政府腐败。林肯被暗杀后，基本上就再也没有出现过有威望的总统了。尤利西斯·格兰特被称为"美国史上最糟糕的总统"，安德鲁·约翰逊是美国史上首位遭到弹劾的总统，拉瑟福德·海斯的投票结果受到质疑，被称为"冒牌总统"。与现在相比，当时总统的权力受到了很大限制，掌握实权的是司法官。然而，三权分立中权力最大的司法官们却被资本家收买，为了维护企业利益而删减规章法规，修改相关法律从而使小部分企业获利。由此，社会正义荡然无存。此外，随着资本家们的堕落，反抗的工人运动越演越烈，逐渐转为暴力运动。

俄国革命成为世界标准

1917 年俄国革命爆发。从此，美国的工人运动进入其第二阶段。在此之前，一直都是与马克思、恩格斯私下认识的"48 年人"、第一国际的同志们、德裔移民们在领导工人运动。但是，第二时期以后出现的活动家已经不是那批"熟知马克思"的人了。第二时期的领导人是被俄国革命所鼓舞的人。以俄国革命为典范，将俄国革命的运动论、组织论奉为金科玉律去贯彻执行的人，他们成为 1917 年以后左翼运动的核心人物。

在俄国革命爆发前 40 年，美国是第一国际总部的所在地，是"世界工人运动的圣地"。因此，美国工人运动的经验以及其理论的深化可以作为世界工人运动的一大典范。在特定情况下，甚至可以成为"世界标准"。

但是，由于俄国革命爆发，情况便完全不同了。俄国革命剥夺了美国、欧洲所有活动家的自负心。这是因为革命在俄国取得了胜利，而在欧美却完全没有革命的苗头。即使欧美各国的活动家们对"为什么我们国家完全没有革命的苗头"这一问题进行仔细分析，也没有任何历史价值。毕竟，列宁自己在《国家与革命》卷末中写道："做出'革命的经验'是会比论述'革命的经验'更愉快、更有益的。"① 因此，无论是讨论有关革命的事，还是将其转化为文字都起不到任何作用。若有这样的闲暇，应该在自己所在之地实践革命才对。

人们会过高评价自己亲眼见证之事的"现实性"或"必然性"。人们从不认为在自己眼前所发生的事情会是"偶然事件"，人们总会觉得那是"必然事件"。这便是人性。即使有谁试图说些什么，都无法否认俄国革命是已经完成了的革命这一事实。总之，只要革命在眼前发生了，那么包括美国人在内，各国人民都会觉得"革命迫在眉睫"。谁都没有准确的依据来断言"这是不可能的"。虽没有充分的客观依据，但无论是工人还是资本家都切身感受到了"革命逼近"。这

---

① 列宁：《国家与革命》，人民出版社 2015 年版，第 123 页。

对工人来说是希望，而对资本家来说则是噩梦。

当然，资本家对革命逼近表现得特别敏感。这是因为资本家自己也知道他们在"镀金时代"不惜金钱、任意妄为，进行非法勾当、中饱私囊的事即使骗得了别人，也骗不过自己。他们收买警察、法官、议员，暴力镇压工会活动。然而，俄国革命爆发了，俄国的皇帝贵族、资本家、富农等都先后被处以刑罚。这对资本家来说宛如晴天霹雳。因此，资本家担心革命也会在自己的国家爆发。他们会觉得不安也是自然的。

连美国也掀起了爆炸斗争

最害怕革命逼近的莫属司法部长米切尔·帕尔默。当时，有三个人在推动"共产主义恐惧"方面作出了"杰出贡献"，而帕尔默则是其中一人。这三人分别是米切尔·帕尔默、埃德加·胡佛和约瑟夫·麦卡锡。这三个人其实属于同一系统。帕尔默起用了胡佛，而胡佛则利用了麦卡锡。若缺少了这三人中的任何一个人，美国的历史估计会与现在大不相同。

1917年俄国革命后，就连在美国也开始不时地爆发由激进派的社会主义者、无政府主义者掀起的爆炸斗争。现在回想起来，大家可能会认为在20世纪初的美国进行爆炸恐怖袭击、试图开展革命斗争的人们是夸大妄想狂。但是，这是因为我们知道在这之后发生的事情。当时，在美国进行爆炸恐怖袭击，从而创造出革命的情势并不是那么"非常识"的政治选择。

实际上，列宁在1918年8月"给美国工人们的信"中，激情地呼吁美国工人"站起来，拿起武器"；1919年3月，世界上37个国家的工人组织代表们被召集至莫斯科，宣誓会在共产国际的指导下推动世界革命向前发展。

我们生活在苏联解体后的时代，因此我们很难想象俄国革命的胜利是个多么"不容分说"的事实。但是，当"成功的革命"摆在眼前时，那个时代的人们自然能够理解那是"不容分说"的事实。

据马克思的预测，社会主义革命可能会在资本主义发展成熟且其阶级矛盾已不可调和的英国、法国等地爆发。因此，当俄国革命成功的消息传来时，若马克思那时还活着，一定也会惊愕于"发生了不可能发生的事情"吧。之后，马克思应该会去思考"为什么在革命爆发可能性很低的俄国爆发了革命，而在理应爆发革命的英国、法国等地却没爆发革命呢"？他应该会去思考"为什么本可能发生的事情却没有发生，而本不应发生的事情却发生了呢"？马克思一定会去彻底地思考"没发生的事情究竟为什么没有发生"。但很可惜，马克思已经去世了，历史学家们也不愿花费过多的精力去思考"没发生的事件"。因此，这件事最终也没被当作学术课题来对待，没有得到深入探讨。

人们从俄国革命成功中学到的最大教训，可以说是"本不应发生的革命"也可能发生。此前通用的、有关革命可能性的理论全都变得没意义了。国家不同，其阶级形势也不同。因此，以美国为例，类似"我国的阶级形势还没那么成熟，因此目前还不应轻举妄动。目前我们的主要任务便是谨慎言行，埋头扩展工人组织，获得更多市民的支持"这样的常识性言论已基本不见效了。一旦有人这样说了，便会遭到革命同志极其愤怒的彻底反驳："你在说些什么！怎么还在那里观望形势？俄国的同志们在极其不利的情况下完成了革命！事到如此还不进行武装斗争的人是不正视现实的懦弱者！"这是因为"成功革命"的典范就摆在眼前。

第一次世界大战后的美国经济社会

这里我再重申一下，在 20 世纪初的美国，还不具备"革命前夜"的历史条件。但是，那时的社会秩序也绝对不是稳定的。这是因为虽然美国参加第一次世界大战是出于"保卫民主主义"的原因，但是那期间美国国内所实施的却是可怕的"反民主主义"高压政策。反战者、批判政府者、试图逃兵役的年轻人都在没有令状的情况下被逮捕、关进监狱。因此，工人们对公安机构的不信任、憎恨之情与日俱增。

战争在 1918 年秋天结束了，但是被动员参与战争的400 万士兵、在军需工厂工作的 900 万工人却因战争结束而没了去处。与战前相比，美元的购买力下滑近半，食品、衣料的价格却上涨到原来的近两倍。因此，战后，即使是有工作的工人们也出于养家糊口的需要而必须为改善劳动条件进行斗争。

1919 年，有四分之三的美国工人从事的是体力活。他们在工厂、煤矿、铜矿、伐木场和农场从事工作。许多工人一周工作 6 天，每天工作 12 小时，而时薪却只有几便士。那是"血汗工厂"（sweat shops）的时代。这些工人没有信用额度，没有银行账户，没有养老金也没有保险，连人身损害赔偿都没有……但是，工人不是势单力薄的。他们有自己的工会。

没有权利的工人通过组织工会来对抗资本家的剥削。美国劳工联盟（American Federation of Labor）的工会成员在 1900 年仅为 50 万人，但到 1919 年便增加至 500 万人，为之前的 10 倍。战争结束后，政府就没有压低工资、要求爱国奉献的依据了。仅在战争结束后的第二年，罢工事件便高达 3000 件。那是一个每周都有某个行业进行罢工活动的时代。

通货膨胀、失业、接连发生的罢工活动这三连击给予美国沉重打击。产业界领袖强调自己是爱国者，大骂参与罢工活动的人是被国外煽动者所操控的、损害国家利益、忘恩负义的恶党和破坏工作者。并且，他们还声称煽动者正是来自那恐怖俄国的潜伏者。

资本家为镇压要求改善劳动条件的工人罢工，声称工会被俄国煽动者所操控，他们是想进行革命斗争。不知道资本家自己对该说法抱有几分笃信。为孤立工会并弱化其势力，资本家的说法可能言过其实了，但这足以令公安机构局促不安了。

第一次"红色恐慌"和帕尔默

这个时期，司法机构极度害怕"革命迫近"。在美国史上，这被称为"红色恐慌"（Red Scare）。

美国历史上共有两次"红色恐慌"，"第一次"是在1917年到1920年期间，"第二次"则在1947年到1957年期间。

"第二次红色恐慌"因"麦卡锡主义"而被世人所知，或许是因为在"第二次红色恐慌"中，许多电影、音乐界的自由主义派人士遭到放逐，给人留下了深刻的印象吧。但是第一次"红色恐慌"并无那样具有攻击性的事件，而是"对红色的革命逼近感到恐慌"这一被动现象。

"第二次红色恐慌"的主角约瑟夫·麦卡锡大肆渲染国务院内有大量的苏联间谍，但是他自己其实并不真正认为共产主义正在逼近。从麦卡锡在中途便停止了自己开展的排查间谍运动这一事实中，我们可以得知这点。他断言国务院、中央情报局、陆军、军需产业等所有地方都"潜伏有苏联间谍，美国正面临危急存亡之秋"，但是只要媒体对此不那么关注了，他便失去了调查的热情，放任美国正面临其所说的"危急存亡之秋"，投入下一个话题。对他来说，"共产主义革命逼近"只不过是为了选举而挑选出来的任意一个争论点，他只是觉得宣传"共产主义革命逼近"或许能在下一次上院选举中为自己赢得更多选票而已。但是，"第一次红色恐慌"并不是如此讽刺的现象。因为"革命逼近"在那时对统治者和资本家来说，的确是一个非常现实的恐慌。

"红色恐慌"心理的典型代表人物是伍德罗·威尔逊总统的"右臂"、司法部长米切尔·帕尔默。帕尔默本身便是热忱的贵格会教徒、奉行和平主义的民主党员，他赞同威尔逊主张的"新民主主义"，是支持"禁止妇女参政、儿童劳动"的自由主义立场政治家。他就任司法部长后，也不是很主张镇压激进派。但是，在两次成为爆炸恐怖袭击的目标后，其态度发生了巨大转变。特别是在经历了1919年6月2日的第二次爆炸恐怖袭击（八颗炸弹在美国国土上同时爆炸的多发性恐怖袭击）后，帕尔默的不安与日俱增。在那次恐怖袭击中，帕尔默在华盛顿的私邸遭到了自称"无政府主义者斗士"组织的袭击，帕尔默一家好不容易才躲过一劫。这之后，帕尔默动员陆军情报部、司法部、州警察等所有组织收集情报。基于这些情报，帕尔默坚定地相信"武装起义近在咫尺"。十月革命时，布尔什维克的实际数量为10万人。而据报告显示，1919年美国国内已确认的激进派人数为6万人，因此也不能说帕尔默的这一预测完全是脱离实际的。

收集到的情报越多，帕尔默等人的警戒心就越高。在研究了所有到手的情报后，他们坚信危机正在逼近美国。必然会爆发更进一步的袭击。问题只在于袭击会在何时爆发罢了。

帕尔默趁威尔逊总统因《凡尔赛条约》而被困巴黎期间，说服议会制定法律，规定无论是社会主义者、布尔什维克，还是无政府主义者、马克思主义者、工会工人，凡是司法部门视为"反美国"的人士，就必须一网打尽——没有市民权的人驱逐至国外，有市民权的人则收监。为了落实该项工作，就有必要尽快在司法部内设立专门的部门。被选拔出来专门从事这项工作的便是刚进入司法部的埃德加·胡佛。

全美将一齐爆发起义的妄想及其后续

由克林特·伊斯特伍德导演、莱昂纳多·迪卡普里奥饰演胡佛的电影《胡佛》（*J. Edgar*）便是从年轻胡佛赶到遭到爆炸袭击的帕尔默私邸这一场景开始的。事实如何我们无从知晓，但是越来越多的人开始相信胡佛便是从这一事件中得到了帕尔默的信赖。

胡佛没有辜负帕尔默的期待，在行动中大显身手。但是，胡佛在搜查爆炸恐怖袭击案件的犯人这件事上，走进了死胡同。尽管胡佛已在全国搜查中一个一个逮捕嫌疑犯，并强逼其认罪，却没发现任何线索。

对此，我们可以进行两种猜测。其一，这次爆炸恐怖袭击是一起不时发生的、由一个极小团体或个人实行的鲁莽事件，没有组织背景。其二，之所以完全没有线索是因为存在一个能够完全保住秘密的、有统一领导的秘密军事组织。帕尔默和胡佛认为是后者。美国国内存在着正在一步步准备武装革命的巨大反政府势力，但是由于其组织周密，因而警察、司法部的间谍都没能找到它。他们就是这么认为的。

帕尔默毫无根据地坚信该革命组织将在 1920 年 5 月 1 日劳动节之时，在美国各地一齐掀起起义。给予其情报的正是胡佛。胡佛深知自己调查的活动家们虽然在其机关报上信手写下各种激进言论（"从抗议罢工开始扩大到政治罢工、革命性的大众行动，最终夺取国家权力"），但并不拥有相应的政治实力等。然而，胡佛却还是将武装起义逼近的情报交给了帕尔默。对此深信不疑的帕尔默调动警察官，命令其于5月1日保护纽约、华盛顿、费城、芝加哥等美国大城市的所有公共设施和要人私邸。当日有360名激进人士被逮捕入狱，但劳动节当天什么也没有发生。于是，全国报纸都开始嘲笑帕尔默的"五月革命"。

在此次事件之前，帕尔默因毫不留情地镇压激进派而备受美国民众欢迎，被视为下届民主党总统候选人，基本可以确认他将接任威尔逊，入主白宫。但是，由于此次劳动节事件，帕尔默的人气一落千丈，断然无望被民主党提名为总统候选人。人们也因这场声势浩大却以无功告终的帕尔默"五月革命"而怀疑司法部的搜查能力。

从帕尔默到胡佛

1924年，哈伦·菲斯克·斯通接替帕尔默成为司法部长。他非常看不惯帕尔默的做法（无视人权、无令状逮捕拘禁、滥用联邦权力），谋求组织上的革新。胡佛制定了帕尔默"红色恐慌"工作方案，是执行部队的长官。因此，随着帕尔默的下台，按道理他也就失去了在司法部内出人头地的机会。但是，新上任的斯通在司法部内没有熟人，所以他并不知道胡佛曾在帕尔默手下承担过如此重任。斯通犯了先入为主的"错误"，在他的观念中，刚从大学毕业的年轻人应该不会被委以如此"重任"，于是他打算任用"帕尔默时期不在中枢部门就职的年轻人"，革新组织的人事构成。搜查局是新建起来的部门，而谁也想不到，胡佛竟被任命为搜查局的负责人。就这样，从 1924 年起直至 1972 年去世，胡佛在这整整 48 年间一直担任着美国公安的最高级干部。

胡佛作为美国联邦调查局长官，前后供职于八代总统任期，但是谁也没能辞退他。这是因为胡佛对包括总统在内的所有政治家的隐私进行了彻底调查，并利用这些秘密情报威胁历代总统。胡佛在尼克松担任总统期间去世，当时白宫派出职员前往胡佛家，首先对其住宅进行搜查，寻找其家中"是否藏有秘密的金库"。据说胡佛不信任任何人，他将搜集到的有关政治家的秘密文件交给一名私人女秘书保管，该秘书依照胡佛的遗嘱，将相关文件全部焚毁了。

此外，在帕尔默时代，让人难以忘怀的还有"萨科和范塞蒂"冤案，即尼古拉·萨科和巴托洛米奥·范塞蒂两位意大利移民被判处死刑的事件。萨科是鞋匠，范塞蒂则是卖鱼小贩。他俩虽在思想上是无政府主义者，却从未进行过激进的政治行动。这两人因有抢劫杀人的嫌疑而被逮捕。虽然他俩都有不在场证明，并且目击者的证词也不明确，但是由于当庭法官想得到帕尔默司法部长的认可从而出人头地，因而强行进行审理，宣判二人为死刑。

二人是在1920年5月5日被逮捕的，帕尔默的"五月革命"大乌龙才刚刚结束四天。警察方面为掩盖自己的失败，就有必要将所有事情都推在激进派身上，让国民以为激进派所挑起的暴力事件使得社会不稳定。"萨科和范塞蒂"冤案便是在这一背景下发生的。

死刑是在1927年执行的。之所以延迟七年才执行死刑，是因为美国国内外爆发了反对冤案的运动。多斯·帕索斯、阿纳托尔·法朗士、阿尔伯特·爱因斯坦、约翰·杜威等知名人士发起了联名反对运动；墨索里尼也认为这是对意大利移民不正当的镇压，也介入其中。1977年，合众国政府正式承认"萨科和范塞蒂"事件是冤案。此时距离死刑执行已过去了半个世纪。

帕尔默和胡佛登上美国政治的舞台是在 1919 年，这时共产国际成立、国际共产主义运动逐渐在全世界展开。就连在美国，俄国革命的激昂气氛也经由俄裔移民等传播开来。这种新的革命运动与此前逐渐扎根美国社会的工人运动的性质完全不同。由"48 年人"带来的、经历了《纽约论坛报》和南北战争的、与林肯政治相伴而行的马克思以来的"美国·马克思主义"的传统在这里断绝了。

在这一时期，工人运动的主体还是移民。因此，在帕尔默所进行的镇压激进派的活动中，用"来自外国的红色（Alien Reds）"这一词来指代还未取得市民权的活动家，处理这类人的王牌便是"遣送回国"。指导运动的是共产国际，这与美国的草根民主主义已无丝毫关联。既然俄国革命的胜利"证明"了由一小部分先锋党指导大众的武装斗争的有效性，那么"美国本土的、扎根于美国的马克思主义"便已无出场的余地了。

共产国际指定美国共产党的首任党的领导人

美国共产党创立于 1919 年，是从美国社会党分裂出来的。

美国社会党是相对稳健的左翼政党，于 1910 年成立，是向联邦议会输送了两名议员、向州议会和市长等输送了众多代表的一大势力。其党首尤金·维克托·德布斯（Eugene Victor Debs）曾参加了五次总统选举，在 1912 年的选举中，其得票率为 6%，得到 90 万选票。美国社会党曾是一个成绩不错的政党。社会党基本集结了从工会活动家到布尔什维克的几乎所有左翼。

但是，俄国革命爆发后，主张列宁主义的两个"左翼部分"于 1919 年 8 月分派。一个是主要由承担"美国列宁"职责的路易斯·弗雷纳（Louis Fraina）和俄国移民组成的美国共产党（Communist Party of America）。还有一个则是由美国人，如威廉·布鲁斯·劳埃德（William Bross Lloyd）、杰明·基特洛（Benjamin Gitlow）、约翰·里德（John Reed）等人组成的共产主义劳工党（Communist Labor Party）。

这两个党派的纲领几乎是一致的，两者仅在人种构成上存在不同———一个的领导者是俄国人，而另一个的领导者则是美国人。两党加起来约有党员 5 万名，大多都是社会党的退党人士。党员们意气高昂，然而胡佛派遣来的间谍们出席了两党的所有集会，记录下其发言、决议，制作全体活动家的名单。两党都将推翻现有国家写入了宣言书，也丝毫不对此进行隐瞒，但是由于这相当于违反了 1918 年制定的《移民法》，因此司法部有足够的法律依据随时将两党中未取得美国市民权的成员驱逐出境。

正如我刚才所说的，1919 年 11 月起胡佛便进行了铺垫，开始了将激进派的外国人一齐逮捕和遣送回国的行动。无政府主义者爱玛·戈德曼（Emma Goldman）等数千名移民被放逐至国外。帕尔默凭借这一果断的举措拯救美国于武装起义中，被誉为"救国英雄"，在伍德罗·威尔逊的支持率直线下滑的情况下，很有希望成为民主党的总统候选人。

由于活动家被大量放逐，美国共产党和共产主义劳工党的活动被迫陷入停滞状态。1921 年，这两个处于颓势的政党合并，并于 1924 年获得合法地位，恢复了活动。当时，美国共产党已完全成为共产国际的下级组织。

合并后成立的美国共产党最初指名威廉·泽布朗·福斯特（William. Z. Foster）为党的领导人。福斯特是爱尔兰移民之子，基本没接受过学校教育。他因在工人运动中崭露头角而被选为党领导人，但是共产国际却不同意福斯特担任党的领导人，指定另一人为首任党的领导人。所以，美国共产党的主要领导人是由共产国际指定的，而不是从美国共产党党员中推选出来的，这可以说是美国马克思主义历史上的一大污点。无论美国共产党之后制定怎样的纲领、创立怎样的组织、开展怎样的运动都已不是美国人自身的功绩了。

虽然知识分子曾走近共产党

但是，出现了一个很有意思的现象——众多知识分子加入了共产党。1919 年到 1939 年这 20 年间，是美国左翼知识分子和美国共产党的蜜月期。

在纽约、波士顿等地活动的东部自由主义立场的知识分子虽都是中产阶级，却不知道美国工人运动的实际情况。他们完全没有现实经验，不知道工人在怎样恶劣的环境下工作、受到了怎样的剥削。因此，即使他们加入了共产党或者以同行知识分子的身份支持共产党的运动，一旦被工人呵斥"你们这样的中产阶级怎么可能体会得到工人的痛苦"，便不知如何回答是好。于是，这些知识分子就变得越来越"卑躬屈膝"——应该让工人自己决定运动方针，我们不应该对他们所作出的决定提出异议。这一时期，美国知识分子对共产党的态度是复杂矛盾的。对此前川玲子在《美国知识分子和激进幻影的破灭》中进行了以下分析：

> 像考利那样的知识分子批判自己是逃离社会的流亡者，并下定决心要融入到矛盾的现实中。政治上的漂泊经历令他们走近共产党，与工人合作对他们来说仅是抽象的概念。因此，他们只能全权委任实际指导工人运动的共产党、福斯特那样的领导者带领他们开创未来。

考利指的是马尔科姆·考利（Malcolm Cowley）。考利与20世纪20年代的菲茨杰拉尔德、海明威等人一样，同属"迷惘的一代"，他是大萧条后意识到资本主义矛盾、力图参与政治的知识分子之一。他是生活在"迷惘的一代"转为"左"倾时代的典型知识分子。

"迷惘的一代"的特征便是"无根"这种感觉。无论是故乡的街道、曼哈顿奢侈豪华的夜生活，还是欧洲的战争，他们都不觉得那是自己的归宿。他们加入大萧条后的工人运动后，这种被社会排斥在外的感觉便得到了治愈。因为他们觉得自己看清了将他们排斥在外的东西。他们把资本主义制度视为"敌人"，认为与之进行斗争便是"自己的归宿"。

这些美国知识分子参加共产主义运动可能是使美国摆脱共产国际指导，从美国固有的建国理念出发，经由草根民主主义建立美国左翼政治文化的最后机会。但是，实际上却没能这样。

第二次世界大战前的顶峰期和衰弱

在思想方面，这一时期的美国共产党史没有特别值得关注的地方了。那就让我们按照时间顺序来快速归纳一下吧。

为促进国际共产主义运动的开展，共产国际提出"第三

时期"理论，称大萧条之后资本主义将进入"第三时期"，
在这一时期，工会工人将展开激烈的大罢工，掀起武装起
义，资产阶级统治将会结束。共产国际仅对"武装起义即将
逼近"这一与各国实情无关的政治观点进行大肆宣扬。1929
年，福斯特获得了斯大林的支持，成为党书记。1932年，福
斯特被提名为美国总统选举候选人，获得10万票。这是美
国共产党史上在总统选举中获得票数最多的一次。

　　1935年，共产国际第七次代表大会通过了"人民阵线"
战术，即视法西斯为主要敌人，适当地与社会主义者、自
由主义派的小资产阶级结盟。在此之前，美国共产党一直将
社会主义者、自由主义派视为辅佐资产阶级势力的敌人。但
是，如今由于共产国际转变了方针，于是美国共产党也开始
提倡"人民阵线"，与民主党合作了。虽然方针一下子发生
了180度的转变，但是因为这是共产国际的指示，因此内部
对此也没有异议。就这样，美国共产党转而支持罗斯福新
政。虽然这是明显的"叛变"，但是美国掌权者却对此表示
非常欢迎，将"人民阵线"视为一定的政治势力，甚至还派
出地方级议员、首长加入其中。

1937 年西班牙内战爆发，美国共产党组织亚伯拉罕·林肯大队，派遣义勇军参加西班牙内战。这段时期是左翼知识分子和美国共产党的蜜月期。此外，1939 年美国共产党党员人数达到 10 万人，迎来顶峰期。共产党在"人民阵线"时期不断扩大自己的势力范围，与许多自由主义派、自由主义者进行了合作。

　　但是，也是在这一年，斯大林同希特勒缔结《苏德互不侵犯条约》，整个世界受到了极大打击。平沼骐一郎首相丢下一句"欧洲的情势复杂奇怪"后便辞职了，实际上，在美国看来这也是非常奇怪的。苏联共产党提出为抵抗法西斯要形成"人民阵线"，然而如今苏联却与"人民阵线"的主要敌人希特勒联手。自由主义派、自由主义者自然反感美国共产党的行为，迅速离党。

　　1942 年，德国撕毁《苏德互不侵犯条约》，向苏联发起进攻。这时，共产国际又开始说"德国是我们的敌人"。此前，美国国内共产党是支持《苏德互不侵犯条约》的，因此美国共产党一直劝说罗斯福总统，声称"美国不应该参与欧洲的战争"。然而如今共产国际改变了方针，因此美国共产党也一下子就转为主战派，支持美国参与欧洲的战争。在共产国际的指导下，美国共产党迷失了自我、不再自立。这一点在此次事件中体现得淋漓尽致，达到了顶峰。美国共产党也因此次事件完全失去了国民的支持。

大战后的直线衰弱

尽管如此，在第二次世界大战期间，美国和苏联仍结成同盟一齐对抗轴心国。由于苏联是反法西斯统一战线的战友，因此在这一时期，美国国民并没有特别反感苏联。但是，1948年后，美国与苏联间稳定的友情遭到了彻底破坏。这是因为前美国共产党员伊丽莎白·本特利揭发了潜伏在政府内部的苏联间谍。以此为开端，许多政府职员被举报为苏联间谍并被判处死刑。

自由主义派认为本特利的检举是"无中生有"，持续进行无休止的争论。但是，苏联解体后，共产国际的公文也随之曝光了。其中有一份叫"美国共产党"的文件，里头保留有美国共产党和共产国际的电文。据该文记载，苏联控制着众多间谍。

20 世纪 50 年代，约瑟夫·麦卡锡出场，麦卡锡风暴席卷美国。罗森堡夫妇因被指控将有关曼哈顿计划的机密情报泄露给苏联而被逮捕，并于 1953 年被处以死刑。

朝鲜战争在 20 世纪 50 年代初爆发。在这一时期，美国士兵死伤众多。至此，美国共产党失去了几乎所有本就所剩无几的国内"友军"。

此后的美国共产党历史已无值得一提之处。在 1956 年苏联共产党第二十次代表大会上，赫鲁晓夫对斯大林进行了批判。此后，美国共产党依旧支持苏联，支持苏联介入匈牙利动乱、军事介入布拉格之春以及侵略阿富汗。美国共产党支持苏联所有的政策。

之后，当戈尔巴乔夫开始改革时，美国共产党同苏联共产党的守旧派一起支持勃列日涅夫路线，反对戈尔巴乔夫的改革。戈尔巴乔夫很是愤怒，决定"停止对美国共产党的资金援助"。此时，美国共产党与苏联间的联系便断绝了。失去"金主"的美国共产党，在组织上已毫无存在感。像美国共产党这样直线衰弱的政党在世界历史上也很少见。

马克思主义没有扎根美国不是必然

"为什么马克思主义没有扎根美国呢？"这是我最开始的问题。我在开头便说了，我觉得这不是历史必然事件。在迅速回顾完美国工人运动的历史后，相信大家应该也都支持我的判断了。如果在必要时刻能有稍微靠谱点儿的人出现，那结果大概就会有所不同吧。比如说，如果美国共产党内外能有稍微刚毅点的人、思维开阔的人，那或许就能阻止美国共产党如此寒碜地没落了吧。

回顾历史我们便能知晓，美国的马克思主义最初是以马克思直系的身份起步的。马克思的志同道合者创立了相关组织，马克思思想则通过《纽约论坛报》直接传递给美国自由主义派的读者，马克思的世界观、社会观被众多美国人所接受。了解了马克思和林肯间的关联后，我认为本有机会产生融合了马克思共产主义和林肯草根民主主义的美国固有政治思想。

但是，马克思去世后，美国便迎来了"镀金时代"，工人们沉浸于"美国梦"之中；将马克思思想带入美国的第一代人销声匿迹后，美国的马克思主义运动便一下子衰退了。

这之后俄国革命爆发，共产国际诞生，美国的左翼运动也因而被打乱了步伐。政府内，帕尔默、胡佛、麦卡锡等极其残忍的"反共"主义者得势，因而，人们普遍认为马克思主义如同"恶魔的教义"。

由于一些条件的存在，马克思主义没有扎根美国。但是，我并不认为这是历史必然事件。中间存在好几个分叉口，但是，19世纪80年代后美国共产党连续选择了几条错误的道路，因此，美国的马克思主义错失了原有的发展机会，错失了作为政治理论、社会理论、经济理论逐步发展的机会。

美国共产党和马克·吐温

马克·吐温所塑造的哈克贝里·费恩是个极有魅力的美国人。哈克贝里·费恩在那场冒险后究竟会长成怎样的大人呢？我曾认真思考过这件事情。汤姆·索亚大概是去了东部的学校，四处活动，顺利地在"镀金时代"发迹了。但是，哈克贝里·费恩大概会就那样待在密西西比附近，过自由散漫的生活。哈克长大成人后大概会参加奴隶解放运动吧，这其中多少也有些"吉姆"的原因。假设哈克有参加工人运动的可能性，那一定是在第一国际的总部搬迁到纽约的那段时间。仔细想来，哈克贝里·费恩和卡尔·马克思是同一时代的人。卡尔·马克思在欧洲开展革命运动时，哈克贝里·费恩正在密西西比进行令资产阶级、奴隶所有者大吃一惊的冒险活动。对于被排斥的工人、奴隶所遭受到的暴力以及资产阶级的伪善，马克思和哈克大概有着同样的愤怒。

在 20 世纪 50 年代，美国共产党的总书记是威廉·泽布朗·福斯特，他写有一本名为《美国共产党史》的书。在该书的前言中，有几处谈论"什么是继承了美国政治、经济、艺术传统的共产主义运动"的地方。他在其中提到"美国共产党继承了马克·吐温的精神"。看到这处，我感到非常惊讶。在该书中，福斯特仅提到了两位作家的名字——西奥多·德莱赛和马克·吐温。西奥多·德莱塞著有《美国悲剧》，是左翼知识分子，因此我倒是可以理解福斯特提到他的名字。但是，福斯特在书中提到美国共产党应继承的文化源头是马克·吐温，这令我印象深刻。

说不定大部分美国人都认为马克·吐温是美国左翼思想的源头。若真如此，如果马克思主义扎根于美国并实现了自己的发展，那所诞生的思想就不仅是卡尔·马克思和亚伯拉罕·林肯的"结合体"了，还是与马克·吐温紧密结合之物，那大概会是极好的东西吧！

评论：

走向现代美国式马克思主义的道路

石川康宏

　　1975 年，我第一次接触马克思的书。那时我 18 岁，刚进入立命馆大学，如今已过去 40 多年了。而今天，我第一次看到能就美国共产党一口气讲那么多的人，这个人就是内田先生。内田先生的演讲包含了各种各样的信息，视角独特。与以往一样，内田先生演讲的内容与众不同、只此一家，听后让人非常兴奋。

　　接下来我也要进行演讲。在决定了此次的主题是"马克思和美国"或者"马克思主义和美国"后，我在家翻箱倒柜，但是正如内田先生说得那样，很难找到与此相关的书籍。

所以我就想尽量向大家多介绍些我手头上的零碎信息，尽可能将它们串起来，作为大家思考的材料。我的演讲主要内容是马克思、恩格斯同美国的直接关系。

《青年们，读马克思吧》的读者曾和我说，不知道内田先生说的内容和我说的内容是否会有交集。那今天会不会有交集呢？没开始讲之前我也不知道。

马克思对"民主共和国思想"赞不绝口

首先我就来讲讲马克思、恩格斯和美国的直接关系。有关这一点，我见过一篇题为《马克思、恩格斯和美国》的论文，该论文题目明确，内容易懂。该论文的作者是日本共产党的学习、教育局副局长长久理嗣先生，这是他在《月间学习》这本杂志上的连载文章，从 2013 年 2 月号到 8 月号，共连载了七回。从这篇论文中我们可以知道，马克思长期以来都非常关心美国的各种问题，包括经济、社会的发展、不时发生的政治事件、工人运动的动向等。有机会的话，请大家一定去读一读这篇论文。

今天我演讲的焦点是，美国的工人运动以及马克思对此的评价。在进入正题前，我想借用长久先生的论文，简单谈谈马克思的理论研究与美国这一话题。

马克思对美国的"民主共和国思想"进行了高度评价，他打算将其运用到理论和实践中。内田先生刚才也提到了，在南北战争即将结束的 1864 年 11 月，林肯再度当选总统时，马克思以国际工人协会中央委员会的名义向林肯发去了贺信。马克思在贺信中称合众国为"不到一个世纪之前第一次出现了建立伟大民主共和国的思想，由此产生了第一篇人权宣言，并给予 18 世纪欧洲革命以第一次推动"①。"第一篇人权宣言"指的自然是 1776 年美国的《独立宣言》，象征"18 世纪欧洲革命"的则是 1789 年爆发的法国大革命。

美国的《独立宣言》和法国的《人权宣言》之间存在着以下关系：托马斯·潘恩在《独立宣言》前便在美国呼吁脱离英国殖民统治而独立和建立共和国的必要性。其著作《常识》在此后被翻译成法语，在法国革命前被众多法国人所

---

① 《马克思恩格斯全集》第二十一卷，人民出版社 2003 年版，第 24 页。

阅读。

接下来我就介绍岩波文库《人权宣言集》所收录的独立宣言的一部分内容。

首先谈到的是人权宣言。"我们认为下列真理是不言而喻的：人人生而平等，他们都被他们的造物主赋予了某些不可转让的权利，其中包括生命权、自由权和追求幸福的权利。"

接着便立刻谈到了政府存在的目的和人民的革命权。"我们相信为了保障这些权利（所有人天赋的权利——石川），人们才在他们中间建立政府，而政府的正当权利，则是经被统治者同意授予的。""我们相信任何形式的政府一旦对这些目标的实现起破坏作用时，人民便有权予以更换或废除，以建立一个新的政府。"

这篇文章对现在的日本社会有许多借鉴之处，但今天我们就不在这里展开了。

1848 年，当德国也爆发了资产阶级革命时，马克思在《共产党在德国的要求》中写的第一条便是"全德国宣布为一个统一的、不可分割的共和国"。即将君主专制的邻邦各国统一为基于人民主权的统一的德国——"共和国"。后来的马克思虽预料到了之后会发生超越资本主义的、面向未来社会的变革，即面向社会主义、共产主义的革命，而不是资产阶级革命，但他仍然在探索在民主共和制的基础上确立起其权力的、符合由选举产生的大多数人意愿的和平民主的变革之路。此外，马克思去世后，其好友恩格斯指明通过该革命建立起来的新的未来社会的政府也采取民主共和制。

对马克思等人来说，《独立宣言》所体现出来的"民主共和国思想"却不是"应该否定的资产阶级民主主义"，而是"未来应该继承的宝贵财产"。在思考20世纪后出现的"社会主义"国家和马克思主义思想的关系时，这是非常重要的一点。

南北战争与国际工人协会在欧洲成立有着直接的关系

还有一点，便是马克思对南北战争的评价以及南北战争和欧洲工人运动之间的关系。美国的黑人奴隶制似乎在其还处于英国殖民统治下的17世纪初便已形成，但直到美国脱离英国、实现政治独立后的 19 世纪才得到迅速扩张。南部大农场的棉花栽培也开始逐渐发展起来。

1776 年的《独立宣言》并未要求立即废除奴隶制度。虽然各个州都有一些动静，但是这之后奴隶制度基本上还是得到承认的。在这样的背景下，不承认奴隶制的自由州和使用奴隶制的奴隶州之间的对立就加剧了。1860 年，主张不能再扩张奴隶制的林肯得到了北方各州的支持，当选为总统。于是，对此表示不满的南方各州便脱离合众国，建立了"南方联盟国"，1861 年向合众国政府发起武力攻击，这便是一直持续到 1865 年的南北战争。虽然林肯于 1864 年 4 月遭到暗杀，但 1865 年 5 月，战争以南军投降而告终。

总统选举结果体现了大多数人民的意愿，而南方各州不尊重这一大多数人民的意愿，并试图通过武力去推翻它。纵观战争的整个过程，我们便能得知南北战争是因南方"叛乱"而开始的。实际上，合众国政府也将此视为向联邦政府发起的"叛乱"。马克思也将其定位为"奴隶所有者的叛乱"。顺便说一下，此后马克思不仅将当时南方的举动称为"奴隶所有者的叛乱"，还将统治阶级试图用武力逆转符合大多数人民意愿的社会改革进展的行为也称为"奴隶所有者的叛乱"。其典型代表便是《法兰西内战》。在《法兰西内战》中，马克思也是将 1871 年法兰西政府攻击巴黎公社的行为称为"奴隶所有者的叛乱"。由于法国的这次内战是法兰西政府针对巴黎人民意愿的"内战"，因此马克思将其称为"奴隶所有者的叛乱"。

对马克思来说，南北战争是他在写《资本论》草稿时所发生的事件，是在其生活的时代发生的事件。因此，马克思对南北战争的发展自然是关心的。马克思和恩格斯还通过信件就南北哪一方会取得胜利进行了争论。恩格斯从军事体制强弱的观点出发，认为南方军队会取得胜利，而马克思则强调北方军队主张"废除奴隶制"这一大义，认为北方军队会取胜。

接下来我们就来谈谈南北战争和欧洲工人运动的发展之间的关系。伦敦首个旨在实现"工人解放"的国际组织"国际工人协会"便是在南北战争期间成立的（1864 年）。这并不是巧合，欧洲工人运动和南北战争的确密切相关。

英国是世界上首个进行产业革命、确立起机械制大工业的国家。而在其中起主导作用的棉纺织业便依赖于美国南部的棉花栽培。因此，当南北战争爆发时，为确保便宜的棉花供应，英国在经济上处于支配地位的阶级纷纷支持南部的奴隶州。与此相对，英国的工人召开"为了拥护北美的工会大集会"（1863年）与之对抗。支持南北哪一方也成为英国统治阶级和工人运动对立的一大焦点。

当时，工人运动高涨。此外，还掀起了要求男子普选权的运动，配合波兰、意大利民族独立运动的活动等。在这些因素的共同作用下，便形成了成立国际工人协会的力量。在之前提到的马克思给林肯的贺信中有这样一句话："美国的反对奴隶制战争将开创工人阶级统治的新纪元。"[①]马克思之所以这样写，是因为他考虑到了美国发生的变化和欧洲发生的变化之间的关联。

充分利用美国奴隶制度的英国资本主义

马克思在《资本论》中写到了英国资本主义和美国南

---

① 《马克思恩格斯全集》第二十一卷，人民出版社2003年版，第25页。

部奴隶制之间的关系。资本主义"在奴隶制、农奴制等等野蛮暴行之上，再加上过度劳动的文明暴行。因此，在美国南部各州，当生产的目的主要是直接满足本地需要时，黑人劳动还带有一种温和的家长制的性质。但是随着棉花出口变成这些州的切身利益，黑人所从事的有时只要 7 年就把生命耗尽的过度劳动，就成为事事都要加以盘算的那个制度的一个因素。问题已经不再是从黑人身上榨取一定量的有用产品。现在的问题是要生产剩余价值本身了"[①]。资本主义的一大特征便是无止境地追求利润，由于处在资本主义制度之下，奴隶劳动的目的便不再是生产多少棉花，而是创造多少利润。

马克思用"殖民地"一词来描述这样的英国与美国之间的关系。机械制大工业的形成和发展为世界带来了"新的国际分工"——工业国和"以农业为主的生产地"。"美国的经济发展本身就是欧洲特别是英国的大工业的产物。目前（1866 年）的美国，仍然应当看作是欧洲的殖民地。"[②] 当时

---

① 马克思:《资本论》第一卷，人民出版社 2004 年版，第 273 页。
② 同上书，第 520 页。

距《独立宣言》的发表已过去了近100年，因此这里所说的"殖民地"指的不是领土上的统治，而是指政治独立状态下的经济殖民地。

马克思揭示了两者的关系：英国棉纺织业的发展加速了从非洲到美国的奴隶贸易，在美国催生了"奴隶饲育"这一新事业。随着越来越多人批判奴隶贸易，美国于1808年禁止奴隶"进口"。这一新事业靠"走私贸易"支撑了一段时间，但1833年英国废除在殖民地的奴隶贸易，因而"走私贸易"也行不通了。于是，美国国内的奴隶生产和销售便得到了迅速扩大，发展为边界奴隶制各州的主要事业。边界奴隶制各州指的是北部各州和南部各州之间的中间奴隶制各州。这些州将用于出口的黑人像家禽般卖给南部各州。该时期业务量最大的地方似乎是弗吉尼亚州。

按照马克思对资本主义的理解，若无"社会"约束，资本为追求利润将不择手段。处于世界最前端的英国资本主义打着近代文明的幌子，坦然地将美国南部的奴隶制纳为自己的一部分。这是马克思得出以上结论的一大依据。

马克思也关注"镀金时代"

马克思也关注南北战争后美国资本主义的迅速发展。也就是内田先生刚才提到的"镀金时代"的问题。19 世纪起，美国东部的工业地带开始发展起来。但是，美国幅员辽阔，西部在那之后的很长一段时间内仍是以自耕农为主的农业地带，而南部也还是由黑人奴隶进行棉花栽培的农业地带。其中，奴隶制在美国整体经济中所占的比重非常高，直到 19 世纪 50 年代末，棉花仍占出口总额的 60%，工业的发展则被英国的进口所遏制。

打破这一局面的正是南北战争所造成的资本高度集中。"美国南北战争的结果造成了巨额的国债以及随之而来的沉重的赋税，产生了最卑鄙的金融贵族，使极大一部分公有土地被分送给经营铁路、矿山等的投机家公司——一句话，造成了最迅速的资本集中。因此，这个大共和国已经不再是迁移来的工人的天堂了。在那里，资本主义生产正在飞速向前发展，虽然工资的下降和雇佣工人的从属关系还远没有降到欧洲的标准水平。"①

实际上，合众国政府因战争而发行的巨额国债"喂肥"了认购国债的银行、产业家，而政府提高的进口关税则促进了对国内产业的保护和培养。此外，1869 年起，美国中部内布拉斯加州到西海岸加利福尼亚州的铁路开通了，加上与东海岸联通的部分，首条横跨美国大陆的铁路开通了。铺设铁路所需的土地由政府无偿提供。其没有写入初版《资本论》（1867 年）中，其最早出现在法国版的《资本论》（1873—1875 年）中。这是马克思眼前出现的"新景象"。

另外，资本主义发展需要大量的工人。有关这一点，《资本论》里是这样写的："逐年涌向美洲的巨大的不断的人流，在美国东部停滞并沉淀下来，因为从欧洲来的移民浪潮迅速地把人们抛到东部的劳动市场上，而涌向西部的移民浪潮还来不及把人们卷走。"②

19 世纪 30 年代后半段，从欧洲前往美国的移民数目迅

---

① 马克思：《资本论》第一卷，人民出版社 2004 年版，第 886 页。
② 同上。

速增加，且远远超过了从美国东部向西部移动的人口数量，这给美国东部带去了大量的剩余劳动力，这为资本家们创造出了有利的相对过剩的人口这一条件。有关移民生活的悲惨，马克思特别关注的是因 1846 年马铃薯饥荒而从爱尔兰来到美国的移民。据说当时南部有种说法——相比从遥远的地方高价买来黑人、令其死亡，还是用爱尔兰人便宜。此外，还有来自德国的移民。南北战争后，来自俄国、意大利等东欧、南欧的移民也增加了。移民至美国的主要是工人。工人们本是为摆脱欧洲资本主义的发展所带来的贫困才移民至美国的，但由于资本主义的急速发展，对移民工人来说，美国也已不再是他们的天堂了。

独立的工人运动开始发展起来

终于快讲到我今天的主题了，接下来我们就来讲讲美国工人运动的问题。马克思在后期曾表示："目的是工人阶级的解放和包含在其中的社会变革（转变）。只有当该社会中的掌权者不用暴力方法来阻碍历史发展的时候，历史发展才可能是'和平的'。例如，如果在英国或美国，工人阶级在议会或国会里取得多数，那么它就可以通过合法途径来消除阻碍其发展的法律和设施。"①马克思还认为英国和美国是为数不多有望在获得议会的多数同意后进行革命的国家。

但是，那个时期的美国还没有试图将世界首个民主共和制运用到"工人阶级的解放"中的工人政党。这反映了我们已经回顾了的19世纪美国社会的历史发展。美国是赶走土著美国人，由来自欧洲的移民占领、开拓的土地。美国也是从非洲进口黑人，创造出结合了奴隶制和资本主义的独特经济体制的土地。这也令独立的工人运动依然停留在起步、不成熟阶段。而打破这一僵局、开拓了新时代的便是南北战争后资本主义的急速发展。

1866年，马克思给朋友库格曼的信件中写道："在巴尔的摩召开的美国工人代表大会使我感到很高兴。那里的口号是组织起来同资本作斗争，而且令人惊讶的是，在那里，我为日内瓦提出的大部分要求，工人们凭正确的本能也同样提

---

① 《马克思恩格斯全集》第二十五卷，人民出版社2001年版，第338页。

出来了。"① 信件中提到的大会是在 1866 年 8 月召开的，而之后提到的日内瓦则指的是在 1866 年 9 月召开的国际工人协会的大会。让马克思特别感动的是这两次大会都不约而同地要求实现八小时工作制。

有关这一点，马克思在资本论中写道："在北美合众国，只要奴隶制使共和国的一部分还是畸形的，任何独立的工人运动就仍然处于瘫痪。在黑人的劳动打上屈辱烙印的地方，白人的劳动也不能得到解放。但是，从奴隶制的死亡中，立刻萌发出一个重新变得年轻的生命。南北战争的第一个果实，就是争取八小时工作日运动，这个运动以特别快车的速度，从大西洋跨到太平洋，从新英格兰跨到加利福尼亚。"② 并将其定义为"大西洋两岸从生产关系本身中本能地成长起来的工人运动"。③ 这之后的芝加哥等地爆发了要求八小时工作制的罢工，这便是劳动节的起源。直到现在，世界各国每年都会在 5 月 1 日庆祝劳动节。

---

① 《马克思恩格斯全集》第十卷，人民出版社 2009 年版，第 243—244 页。
② 马克思：《资本论》第一卷，人民出版社 2006 年版，第 348 页。
③ 同上。

不懂理论的德国逃亡者们

接下来让我们来看看恩格斯对美国工人运动的评价吧。马克思在这之后继续对美国社会进行研究，多次请求在纽约的佐尔格（国际工人协会移至美国时（1874年）的总书记）给予自己研究美国经济的资料。其研究的焦点是19世纪70年代以后的世界经济危机情况的变化与信用制度发展之间的关系，信用制度、股份公司制度给资本主义发展带去的影响等。马克思留下了大量的相关笔记、未整理的文章。恩格斯于1895年整理《资本论》第三部时，在这些笔记、文章上费了很大功夫。

1883年马克思去世后，恩格斯便接替马克思，给各国的工人运动提供建议。恩格斯也留下了几封有关美国工人运动的信件。

第一封是1886年给佐尔格的信件。1886年11月在纽约的市长选举中，"统一工人党"推选经济学家亨利·乔治为候选人，获得了31%的投票。当时，恩格斯对美国的状况进行了评价：

德国人一点不懂得把他们的理论变成能推动美国群众的杠杆。①

这句话以"德国人"开始是因为，1848 年革命失败后，懂一些马克思理论的德国逃亡者涌入美国，但是他们却没能在美国长期扎根。

他们大部分连自己也不懂得这种理论，而用学理主义和教条主义的态度去对待它，认为只要把它背得烂熟，就足以满足一切需要。对他们来说，这是教条，而不是行动的指南。此外，他们原则上是不学英语的。②

美国有与欧洲不同的社会发展的内在理论，移民过来的德国人却没有对其进行具体的摸索，而是试图将欧洲式的运动硬搬到美国。这是不对的。实际上，以纽约为中心，美国曾存在过由德国逃亡者、移民等组成的"社会主义工人党"，

---

① 《马克思恩格斯选集》第四卷，人民出版社 2012 年版，第 583 页。
② 同上。

但是其机关报是以德语的形式发行的，因而在美国人中几乎没有影响力。

美国运动停留在 1848 年以前的阶段

恩格斯继续写道："因此，美国的群众不得不自找出路，看来他们首先在'劳动骑士'那里找到了这种出路，这一团体的混乱的原则和可笑的组织看来是同他们自己的混乱情况相适应的。"[①]

"劳动骑士"指的是 1869 年在费城建立的美国秘密工人组织，1878 年转为公开活动组织。1886 年发展为拥有 70 万名成员的全国性大众组织。但是，该组织的主张很特殊，它否定罢工、反对八小时工作制，因而最终也失去了影响力。下面这句话就提到了"统一工人党"在纽约的成立。

　　每一个新参加运动的国家所应采取的第一个步

---

① 《马克思恩格斯选集》第四卷，人民出版社 2012 年版，第 583 页。

骤，始终是把工人组织成独立的政党，不管怎样组织起来，只要它是一个真正的工人政党就行。而这一步已经做到了，并且比我们所预期的要快得多，这是最主要的。这个党的第一个纲领还是混乱的和极不完备的，它还打着亨·乔治的旗号，这都是不可避免的缺点，然而也是暂时的缺点。群众需要有时间和机会来成长，而只要他们有了自己的运动——不管这种运动采取什么形式，只要是他们自己的运动——他们就会有这种机会，因为在这种运动中，他们将通过本身的错误而取得进步，吃一堑，长一智。①

美国的运动正处于我们在 1848 年以前所处的那种阶段上，那里真正有才智的人物首先应当起共产主义者同盟在 1848 年以前在各个工人联合会中所起的那种作用。不同的是，在美国，这一切目前将进展得无比迅速。②

---

① 《马克思恩格斯选集》第四卷，人民出版社 2012 年版，第 584 页。
② 同上。

最后一段话有些难以理解，但我觉得这是在说明让工人明白，任何以实现工人解放为目标的运动，若不以废除工资制度为终极目标，便总会在中途以失败告终的重要性。

美国的运动必须找到适合美国发展的理论

《英国工人阶级状况》是由美国社会主义者凯利·威士涅威茨基夫人译成英文的。恩格斯也对她说过同样的话：

> 那里的许多德国人犯了一个严重的错误，他们面临一个强大而出色的、但不是由他们自己创造出来的运动时，竟企图把他们那一套从外国输入的、常常是没有弄懂的理论变成一种"唯一能救世的教条"，并且和任何不接受这种教条的运动保持遥远的距离。我们的理论不是教条，而是对包含着一连串互相衔接的阶段的发展过程的阐明。希望美国人一开始行动就完全了解在比较老的工业国里制定出来的理论，那是可望而不可即的。德国人所应

当……参加工人阶级的一切真正的普遍的运动，接受运动的实际出发点，并通过下列办法逐步地把运动提到理论高度：指出所犯的每一个错误、遭到的每一次失败都是原来纲领中的各种错误理论观点的必然结果。[①]

我们的理论是发展着的理论，而不是必须背得烂熟并机械地加以重复的教条。越少从外面把这种理论硬灌输给美国人，而越多由他们通过自己亲身的经验（在德国人的帮助下）去检验它，它就越会深入他们的心坎……我认为，我们的全部实践已经证明，可以在工人阶级普遍性的运动的各个阶段上同它进行合作，而无须放弃或隐瞒我们自己的独特立场甚至组织；我担心的是，如果在美国的德国人选择另一条道路，那他们要犯大错误……[②]

也就是说，即使美国工人一开始的理解是错误的、不成

---

① 《马克思恩格斯选集》第四卷，人民出版社 2012 年版，第 586 页。
② 同上书，第 588 页。

熟的，他们也可以从自己的经验中得到学习，慢慢找到自己的运动和社会发展的独特道路，这才是最重要的。此外，德国人应当给予其帮助，一步一步地提升美国的工人运动。这是德国人应当起到的作用。

另外，恩格斯在凯利翻译的《英国工人阶级状况》中加上了自己所写的"美国版序言"，副标题为"美国工人运动"。恩格斯在探讨了亨利·乔治的运动、"劳动骑士"、社会主义工人党的各事项后，对未来进行了展望：当"成为彻底美国化的党"时，社会主义工人党因"具备了欧洲多年来阶级斗争所取得的经验，具备对工人阶级解放的一般条件的理解，远远超过美国工人迄今所达到的理解水平"。[①] 因此其能够在统一各种团体的基础上，作出"重大贡献"。

晚年的恩格斯于 1888 年夏前往美国和加拿大旅行，但是他没有留下有关工人运动的文章。此时，恩格斯虽年近 70 岁，但仍精力旺盛，一路品尝啤酒和葡萄酒，非常享受这长达 50 天的旅行。

---

① 《马克思恩格斯选集》第四卷，人民出版社 2012 年版，第 276 页。

与马克思和恩格斯的研究、实践直接相关的内容就到此为止。

让我们回到最初的话题。与欧洲相比，为什么马克思主义没有扎根美国？我认为不必急于定下"没有扎根"这一结论。19 世纪来自欧洲的马克思主义已是各国的马克思主义了。各国纷纷确立起资本主义的社会，经过"长达半个世纪的内战"，工人们也从资本家手中赢得了缩短工作时间的法律。此外，各国还促成了许多以解放工人为目标的政党的诞生。但是，在马克思主义刚传入美国时，美国东部的资本主义虽发展迅速，但才刚处于着手将废止奴隶制的运动扩展到全社会的阶段，从整体上看，当时的社会还远远未达到能萌生自发的工人运动的程度。

正如恩格斯同知晓马克思主义的德裔移民说的那样，在美国，以实现工人解放为目标的运动，最重要的便是符合当时美国社会的条件，必须是由美国工人所发起的。因此，就必须自己去思考、去努力，有成功的时候，自然也会有失败的时候。这时就需要从失败中吸取教训并摸索如何进行下一次斗争，这样的经验积累是很有必要的。只有这样，工人运动才能得到发展。从这一立场来看，美国工人运动的历史至今仍远短于欧洲，还未从社会内部诞生出以实现"工人解放"为目标的理论。

1991 年苏联解体后，美国在政治上解除了阅读、研究马克思的禁令，社会也渐渐接受了这些。另外，雷曼事件后，出现了历史上最为严重的贫富差距，由此，奥巴马医改计划这样的社会保障政策备受欢迎，爆发了要求提高最低工资、扩充学生奖学金的运动，应对环境问题的清洁能源政策受到热议……许多人都迫切希望解决各种社会问题。

从布什到奥巴马，从奥巴马到特朗普，美国政治形势的急速转变反映了美国资本主义问题的日益加深以及人们迫切希望解决这些问题的心情。但是，从大方面来看，如今一个崭新的过程出现在了我们眼前，并开始向前发展。美国社会和美国工人运动终于因内发需求而汲取马克思思想，并以合适的方式解决现代美国社会问题，从而促成其发展。美国社会终于认为有必要构建符合美国社会现实的现代美国式马克思主义了。

第 3 章　报告与评论：
　　　马克思诞辰 200 周年

　　2018 年 3 月 27 日（星期二），在京都妙心寺大心院，石川康宏作报告，内田树对其内容进行了评论。以下是对这两部分进行整理、润色后的内容。

报告：

一直以来，马克思是一个怎样的存在

石川康宏

《共产党宣言》在欧美大学的教科书中排名第三

　　我来介绍下最近的一个调查。该调查是在美国哥伦比亚大学进行的，主要内容便是在确认美国、加拿大、英国等各地大学的教学大纲后，调查各门课所使用的教科书。调查数目高达 93 万件。据说在广泛调查了自然科学、人文科学、社会科学等科目后发现，排名第三的教科书是《共产党宣言》,《资本论》也排到了第 44 名。排名第一的是斯特伦克的《英语写作手册》，排名第二的是柏拉图的《国家》，排名第四的则是坎贝尔的《生物学》。顺便说一下，达尔文（马克思曾打算将《资本论》第一卷献给他）的《物种起源》排名第 27 位，古典派经济学者亚当·斯密（马克思从他身上学到了很多）的《国富论》则排名第 37 位。

美国等地的大学重视多读基础文献，因此被挑选出来的教科书未必就是获得教员认可的书籍，但是《共产党宣言》和《资本论》在现代大学生必读文献中确实是名列前茅的，从中我们可以感受到马克思理论的影响力之大。

1991 年苏联解体时，美国和日本都进行了名为"马克思不起作用了"的大规模运动，在后面我还会讲到这一点。解体的苏联是由 20 世纪 30 年代斯大林等人所建立的原型发展而来的，因此仅因苏联社会的瓦解就称马克思不起作用了（马克思主义破产了）是非常冲动的，只能说那是带有政治意图的言论。不过，如今回想起来，那段时期也同样是马克思相关研究从美、苏对立这一活生生的政治枷锁中解放出来，进入马克思研究新阶段的时期。在美、苏冷战时期，仅单纯地研究马克思就会被贴上"你是苏联派"的标签。而由于苏联解体，这种政治性批判便也随之淡去了。

此外，2008 年雷曼事件中的典型世界经济危机也被不少人说成"资本主义的界限"。欧美财政界、评论界中，还有人称"经济危机的事情去问马克思"。马克思在苏联解体后被全面否定，此事件后马克思慢慢恢复了在人们心中的部分地位。在这里强调"部分"是因为在有关资本主义分析方面，马克思慢慢恢复了其地位；但是在探明资本主义在内部孕育出未来社会这方面，对马克思的评价依旧很低。前面的调查结果就是建立在这一变化过程之上的。眼光稍微放长远些，我们便会发现正是苏联的解体恢复了马克思理论的地位。

　　最近，电影《青年马克思》上映了，很是火爆。由于之前有个工作，需要我来谈谈该电影，因此我反复看了好几遍。仔细看便能发现，其中有几处与史实不相符的地方。但是，片方利用优兔（You Tube）进行宣传时，从《关于费尔巴哈的提纲》中仅节选了"（此前的）哲学家们只是用不同的方式解释世界，问题在于改变世界"[①] 这一节，实在是厉

---

① 《马克思恩格斯选集》第一卷，人民出版社 2012 年版，第 136 页。

害。该提纲虽是马克思 26 岁时的笔记，但它意味着当前所面临的课题不是空谈，而是解决现实中存在的实际问题。从选择这一节作为宣传可以看出电影制作人的目的和热情。

是对于谁来说的马克思

今天报告的题目有些啰唆，叫作"一直以来，马克思是一个怎样的存在"。这不是我定的题目。鸭川出版社的编辑时而会如此发起"挑衅"。若题目为"马克思是一个怎样的存在"，那我只需写写我所理解的马克思就行了，不会出现一些纠缠不清、复杂的问题。但是，若题目变为"一直以来，马克思是一个怎样的存在"，那事情就没有那么简单了。因为这样一来，便会出现"究竟是对于谁来说呢"这一问题。

对于邻居山田来说，"一直以来的马克思"可能是同学生时代因武斗而遭到暴力打击的记忆融为一体的痛苦青春回忆。对于他的邻居田中来说，"一直以来的马克思"可能是让他在苏联解体的逆风之下，依旧坚持阅读的精神支柱。但是，对于对面的井上来说，"一直以来的马克思"可能是说着"宗教是鸦片"这样极其荒唐的话的，如同恶魔般的人。另外，如今大概还会有很多人问"马克思究竟是谁"吧。那么，我究竟该谈谈对于谁来说的马克思呢？鸭川社的编辑让我自己看着办，宛如一休的智慧世界。

我夫人长期和我生活在一起，我连她一个人的心思都弄不明白，更别说读懂世界上75亿人的心思了。我在思考这些问题时思维是很跳跃的，我决定将"一直以来，马克思是一个怎样的存在"和"你印象中的马克思在多大程度上是真实的马克思"结合起来，谈谈相关事宜。

剪掉"总危机"论的"尾巴"

在1991年苏联解体之前，在长达半个多世纪的时间里，"马克思列宁主义"在世界共产主义运动中一直处于支配地位。而包含"一方面，要求摆脱'马克思列宁主义'的束缚，重新研究马克思等；另一方面，表示必须探讨现实资本主义的发展以及工人运动的成长和曲折"。这两个方面的批判还需对自称"社会主义"的各国进行冷静分析。这需要一定的时间。

接下来我们通过日本共产党的理论活动来再多了解下该经过。

1980年苏联对阿富汗发起军事行动，日本共产党在批判苏联该举动时提出了"社会主义和个性的发展"这一问题。马克思对于人类历史的认识经历了许多变化，其中之一便是以人与人之间的"依赖关系"作为标准的三阶段论，即个人隶属于各种共同体（集团）的封建制以前的阶段；赢得法律面前人人平等的权利、因劳资关系的出现而脱离共同体，个人（个性）开始发展的资本主义阶段；在上一阶段培养起来的独立的个性自发组合的未来社会阶段。

日本共产党学习了马克思的以上观点，回顾了现存"社会主义"中不存在完全的资本主义时代这一情况后，认为这不仅是因为生产力等经济发展的落后，还因为适合肩负社会主义使命的个性未得到发展。所以，日本共产党提出了能够肩负未来社会的人的历史形成这一问题，该问题也促成了最近大家更为深入地研究《资本论》的热潮。

接着，"资本主义总危机"这一规定于 1985 年从党的诸多文件中剔除。"资本主义总危机"的具体内容是这样的：随着时间的推移，资本主义的危机也将越来越严重，资本主义已失去了向前发展的生命力，除了分阶段地进行解体，以向社会主义转变之外别无他法。这一观点在我学生时代很常见，特别是在讨论帝国主义的文章等中。一方面，学生时代的我们在读完这些论文后会思考可能出现的历史大局；另一方面，我们还会深入研究战后日本的"高度发展"等问题，并就其是否符合资本主义发展的现实展开讨论。

当时的日本共产党实际上早已不认同单纯的"危机"论了，只不过是剪掉了其最后的"尾巴"。"总危机"论的历史已被研究明白：马克思和列宁从未提到过"总危机"论，这首先是由布哈林提出来的。此外，日本共产党还指出"一路危机深化"论仅是革命期望论。无论是资本主义改革还是为实现社会主义的改革，其实现都需要多数人的同意。因此，必须有取得多数人同意的成熟主体条件，而"一路危机深化"论则省去了这一点。

但是，就我个人来看，该时期的这种阐明能够取代"总危机"论，成为资本主义的运动法则是因为当时大家特别关注资本主义灭绝的过程，但是在积极比较这方面还有不足之处。仅将列宁作为批判"总危机"论的理论标准这一点也反映出了当时马克思研究的程度。

研究马克思革命论的转变

自那之后过了三十多年，那之后的马克思研究，特别是对《资本论》进行得更为深入的研究大大弥补了批判"总危机"论时的不足。

其中，更为深入的一个论点便是20世纪60年代马克思革命论的大转变。1848年，马克思写了《共产党宣言》。当时的马克思认为六十多年前发生的1789年法国大革命是"革命"典范。马克思按当时的理解，在人民生活越来越困苦的背景下，对政治的不满情绪一旦爆发，人们便会一举占据街头。马克思认为在资本主义社会，这根"导火索"便是周期性的经济危机的到来。

但是，马克思的这一判断在1865年左右发生了巨大转变。一方面，当马克思期待已久的 1857 年经济危机爆发时，欧洲各地的工人运动并没有显著高涨起来。另一方面，在马克思 1865 年的《资本论》草稿中，其对于资本主义经济危机的定位发生了很大转变。在此之前，马克思认为经济危机是资本主义的末期症状的表现，而当时的马克思则开始认为经济危机仅能在经济周期中运行，是资本主义经济日常生活中的一环。可以说马克思对经济危机的理解发生了 180 度大转弯。

这一时期，马克思加入了运筹工人运动的实践活动，这是于 1864 年成立的第一国际所开展的活动之一。与该实践活动相结合，马克思的革命论从老式的法国革命型、"经济危机＝革命"型转变为在加深对资本主义结构性问题理解的基础上，为实现结构转变而争取多数人同意的"多数者革命型"。

反过来说，这也表明了解决经济危机加重、对政治的不满情绪高涨的方法，表明若没有组织相应的行动的能力，那状况就不会转变；若工人不具备这种能力，那资本主义将永远持续。时至今日，仍时常有人会问："为什么日本人已经那么困苦了，却还不站起来反抗呢？为什么还要去给自民党投票呢？"答案很简单，这是因为自民党、统治阶级一方为自己的政治赢得人民同意的能力很强，而批判、试图转变其政治一方的力量如今还很微弱。对马克思革命论的这般转变的关注，在很大程度上弥补了此前批判"总危机"论上的不足之处。

工人运动在资本主义中的发展

还有一个进步，即弄懂了工人运动在资本主义中获得了怎样的发展，又是如何获得超越资本主义的能力这一点。这也是对《资本论》研究的成果。

我年轻的时候，学习《资本论》的重点是资本家对工人的榨取机制。(《资本论》第一卷对此进行了分析，指出其实质是榨取具备生产力的工人的剩余价值)这便是工人无法永远停留在资本主义框架之中的社会结构方面的原因。那时候，阅读《资本论》是为了深入理解阶级对立的根本。但是，现在回想起来，仅这样是无法拓展对未来社会的展望的。这是因为其忽略了为资本主义改革或是为实现社会主义的改革而进行的努力为什么要成为社会大势，又该如何成为社会大势这一问题。或许可以说《资本论》的这种阅读方式同老式的革命论是配套的。

近年来的研究着眼点之一便是从以下三个角度阐明以上问题。

其一，工人在苛刻的工作条件下，为保护自己和家人的生命、健康，被迫同资本的专横做斗争，因此必须发展这种抵抗力这一问题。18 世纪后半期起，在英国爆发了长达半个世纪的"内战"，最后工人赢得了历史上首个劳动者保护法——《工厂法》。马克思就是从这一过程中得出以上结论的。在几部有名无实、漏洞百出的法律之后，英国终于于1833 年颁布了首部具有实效性的《工厂法》，但是 19 世纪30 年代，是使机器大工业成为全社会主要生产方式的工业革命快结束的时期。

机械制大工业区别于此前工匠所从事的手工业以及工匠互相分工的阶段，此前可以抵抗资本专制的工匠熟练度已不起作用，许多女性、儿童成为机械的附属品，开始从事无止境的长时间劳动。《资本论》介绍了当时过劳死的情况，机械制大工业使得工作条件变得越来越苛刻，而工人不甘就这样被资本消灭，开始反抗。可以说不断苛刻的工作条件培养了工人结成工会等与专横的资本做斗争的能力。这成为历史首个在露骨的资本逻辑中运用国家法律赢得社会公平的斗争成果。现代日本缩短工时的斗争、要求提高最低工资的斗争以及主张每天工作八小时就能正经生活，因而要求八小时工作制度的斗争都是其延续。

其二，不仅要抑制资本主义的这种专横，还要转换资本必然剥削劳动这种经济结构，因此工人必须蓄积开展相关运动的能力，从而将工人从被资本支配的状况中解放出来这一问题。马克思活跃于 19 世纪，而 19 世纪中期便有了以实现社会主义、共产主义为目标的运动。

即使用法律抑制了资本的这个专横，接下来又会出现一个资本专横；即使辛苦地抑制了一个资本专横，另一个资本专横又会在乘人不备时钻出来。为从这种不断重复的资本专横和对其抑制的无限循环中脱身，不能仅各个击破、对症下药，只能找出不断产生专横的资本主义的根源，并找出解决之法。工人自发探索其解决之法，相关运动也得到了发展。

实际上，正是因为这些运动早已存在，才有可能在 1864 年成立第一国际，马克思才有可能将共同目标定为"工人阶级的解放"。此外，围绕"'工人阶级的解放'究竟是什么"这一问题的众多争论也才有可能得以开展。

顺便说一下，以第一国际所开展的活动为契机，19 世纪 70 年代，以"工人阶级的解放"为目标的工人政党也开始逐渐出现。社会民主党、工人党……虽然名字各式各样，但这些都是 20 世纪共产党的"前辈"。

其三，工人在资本主义中得到实际担负、运作社会主义合作经济的能力这一问题。马克思在《资本论》中曾将未来社会描述为"设想有一个自由人联合体，他们用公共的生产资料进行劳动，并且自觉地把他们许多个人劳动力当作一个社会劳动力来使用"①。即培养能够充分且顺利地进行"自觉地把他们许多个人劳动力当作一个社会劳动力来使用"这一行为的能力。

机器大工业将此前的个人（同其辅助者）劳动转变为在

---

① 马克思：《资本论》第一卷，人民出版社 2004 年版，第 96 页。

资本作用下结成的集团劳动，马克思将只有通过这种结合才能完成特定生产的集团称为"全体劳动者"。这些劳动者同时也在不受资本支配的区域结成工会、政党等，团结一致、同心协力，改善个人的工作条件。同时，这种斗争又与人们为保障社会全体利益而自觉抑制"全体劳动"的运动息息相关。比如说，我们大学的教职员组织，就致力于要求改善工资、人员配置、雇佣形态，还积极致力于改善对学生的入学支援以及其学习环境。这便转变了我们全体劳动的性质，变为似乎是为了某人的"全体劳动"。对于直接高举"利润第一"旗帜的盈利企业来说，这种转变的意义就更为重大了。这与我的学生时代相比，备受议论的对企业（资本）民主管理历史意义的探讨也同样息息相关吧。

像这样，改良资本主义的能力得到发展，为走上未来社会而开辟政治的能力得到培养，能够实际肩负未来社会的能力得以形成。马克思将以上三点视为不可或缺的条件，论述了将资本主义生产资料私有转变为社会所有的必要性和现实性。这也是弥补了此前批判"总危机"论不足之处的重要论点。

此外，关西大学的名誉教授森冈孝二（已故）在"日本经济论"的研究中指出了对劳资关系的分析不够充分这一问题，并称这与没有读透《资本论》中对劳动者状态进行分析的意义相关。我觉得森冈孝二所提出的这一问题也是非常重要的。

雷曼事件和周期性经济危机

就这样，拥有肉体的人，作为人类舞台上重要的劳动因素，一直贯穿于马克思经济学始终。说到经济学，人们可能会想到数式、图表等东西，当然经济学也有可能将人的行动、发展的一个侧面数值化，但是马克思经济学却不尽然。马克思经济学最重视的对象，是在生产模式的发展中，人的成熟以及由此而带来的人与人之间关系的变化。这便是与1991年苏联解体后兴起的"新自由主义"经济学的最大不同。"新自由主义"经济学任凭资本完全自由地运作。

接下来我们来谈谈，与马克思经济学当代有效性相关的内容。雷曼事件之后，瑞士大型银行瑞银集团（UBS）的高级经济顾问约翰·麦格纳斯在《彭博视野》（*Bloomberg*

View）上发表了《给马克思拯救世界经济的机会》这一文章，备受讨论。这是典型的"经济危机的事情去问马克思"。雷曼事件中典型的世界经济危机不仅是单纯的金融危机，是以金融危机为开端的生产过剩的危机。弄清楚这一点是非常重要的。马克思对这种经济危机进行了透彻研究，无人能及。因此，其成果对于分析现代经济危机的产生机制有很重大的意义。在《资本论》及其草稿中，运动论和研究经济危机的三大领域都对经济危机的可能性、原因及其根据有所涉及，但此前，人们没有过多地关注运动论。运动论对此是这样描述的：

资本主义经济是在市场经济的基础上形成的。各种资本通过市场谋得利润。在市场中，生产者——资本与消费者是"面对面"的。因此，若仔细观察市场，应该就能根据消费动向来调整商品的生产量，从而避免过度生产。但事实上，1825年英国爆发经济危机后，生产开始大大超过消费力，商品变得卖不出去，资本也随之破产，幸存下来的资本也被迫缩小生产。这导致了大量失业者的出现，中小分包资本的破产以及社会消费力的不断萎缩。这一恶性循环在近200年内不断周期性出现，延续至今。生产相对于社会全体的消费力显得过剩，基于这种过剩生产的经济破产便是资本主义最根源的危机。经济破产不是由缺少生活所必需的物资引起的，而是由物资过剩引起的。这种经济危机是资本主义所特有的。

"架空消费"造成市场中的过剩生产

市场能够调节生产和消费的平衡。但是，为什么这一功能会定期出现故障呢？马克思指出，一旦商业资本介入，生产者和最终消费者之间便会导致生产与消费失衡。现在我们可以拿大型家电专卖店来作比喻。大型家电专卖店从生产者处购入大量商品，代替生产者向最终消费者出售商品。这样一来，对于生产者来说，就出现了这样一个实际情况：在商品交到最终消费者手里前，商品是被"架空消费"的。

此外，还有资本间的竞争在其中"作祟"。生产资本在生产资本间相互竞争。比如说，电脑制造商互相竞争，比谁的销售量更多。此外，进行销售的商业资本也在商业资本间相互竞争。商业资本之间相互竞争，使用各种手段来吸引更多的最终消费者，比如××相机××电气等会进行商业宣传、甩卖特价商品等等。在这些竞争中，各商业资本都认为自己能在竞争中脱颖而出，并卖出大量商品，于是他们便基于这种积极的主观推测采取行动。而各生产资本也都认为自己能批发最多的商品给商业资本，于是他们也基于这一推测采取行动。若不想在竞争中失败，资本便只能采取这样的行动。商业资本库存极多，而生产资本则按照商业资本的订单开展生产。

但是，在现实中，最终消费者的消费能力是有限的。因此，在生产不断扩大的中间某一时刻，某一商业资本便抱着大量的库存破产了。于是便迅速令生产"急刹车"，在短时间内缩小生产。雷曼事件后，日本也出现了类似的情况——当时，日本的大量公司纷纷与派遣员工解除合同。

马克思指出，造成这种过剩生产的主要原因之一便是银行资本的发展。银行资本使生产资本能够在手头没有足够资金的情况下扩大设备，也使商业资本得以扩大店铺及采购规模。此外，马克思还指出，随着全球化的发展，最终消费者已不再仅局限于周边区域、国内，逐渐遍布全球，这导致最终消费的前景变得越来越不透明。这些要素的共同作用使得资本主义无法避免周期性经济危机。距首次世界经济危机发生仅 40 年，马克思便成功对其进行了以上分析。真是了不起啊！

金融泡沫使"架空消费"迅速缩小

那么，雷曼事件时，又是怎样一个情况呢？经济危机爆发前，出现了两个现象。其一，银行资本以预期价格会上升的不动产为担保向贷款偿还能力低的人群提供次级房贷。这使得银行资本于短时间内在社会中创造出巨大的消费力。其二，投资银行出售包含该种次级房贷回收（要求偿还借款）债权的金融产品，基于这种投机利益而创造出巨大的消费力。

但是，次级房贷是以土地价格会永远上涨这一假设为前提的。但是，土地价格下跌，次级房贷也随之出现了问题。由于贷款没得到及时的偿还，因此包含其债权的金融产品价格迅速下跌。于是，此前的金融泡沫破灭，社会消费也迅速缩小。也就是说，此前由金钱游戏所创造出的"架空消费"迅速缩小。生产资本一旦失去了泡沫经济创造出来的消费这一"梯子"，就一下子呈现出过剩生产的态势。这便是雷曼事件的实质。

　　由金融泡沫主导的经济危机是一种新的现象，若其成为常态，就有必要着眼于资本主义经济的变化展开研究并将其上升为理论。展望相关理论的发展，我们便会发现，任凭资本完全自由运作的"新自由主义"的缺陷。而马克思的研究把握住了出发点，相比之下，其优势甚是明显。

由机器大工业的确立而建立的资本主义社会

　　前面，我主要阐述了马克思本来的理论及其发展。那么，一直以来在大家印象中的马克思在多大程度上是真实的马克思呢？希望大家都能有些新发现。

　　那么，查明真实的马克思对现代日本社会来说，又有什么意义呢？最后我就来讲讲"对于现实的日本社会来说，一直以来，马克思是个怎样的存在"。

让我们来谈谈日本是在何时建立起资本主义社会的这一问题。马克思对英国的工业革命进行了分析，一般来说，独立的资本主义式生产方式（即机器大工业），一旦征服了一种生产的各个部门，甚至征服了所有重要生产的各个部门，那它便能成为生产过程中普遍的、处于支配地位的形态。如果将机器大工业成为经济社会支配性要素的过程理解为产业革命，那么英国产业革命结束的时间（19 世纪 30 年代）与资本主义式经济循环开始的时间（1825 年）便基本是一致的。从机器大工业在经济结构中处于支配地位起，此前不存在的资本主义的固有经济循环便开始了。

再一并看下政治领域，在英国，自 17 世纪的英国内战、光荣革命以来，资产阶级革命便获得了巨大发展。1832 年，除了贵族、大地主以外，资本家获得了选举权，1867 年，一部分工人也得到了选举权。正是在 1883 年，民主主义从经济领域扩大至社会政治的上层建筑。此外，也是在 1883 年，在经过长期斗争后，诞生了第一个有效的有关劳资关系的法律。在此基础上，大约在工业革命结束之际，英国便已形成了包含经济、政治两方面的资本主义"社会"。

日本资本主义社会的建立

那么，日本又是怎样的情况呢？战前，吸收了马克思思想的学者进行了众多大型研究，其中之一便是《日本资本主义发达史讲座》（1932—1933年）。这是由革命家、经济学者野吕荣太郎主编的。这些以《日本资本主义发达史讲座》为中心集结的人，后来就被称为"讲座派"。《日本资本主义发达史讲座》对产业革命的时间进行了讨论，但并没有涉及日本确立起资本主义社会的时间。这可能是因为他们以马克思对英国的分析为准，默认了日本也是在工业革命结束之际确立起资本主义社会的吧。虽然《日本资本主义发达史讲座》指出日本的工业革命与英国相比显得非常特殊，但没有论及这一特殊性对资本主义社会的确立时间所带去的影响。战后，许多继承"讲座派"的人也都认为日本工业革命大约是在1910年结束的。

但是，他们对此进行更为深入的探究后发现，有关日本经济史的研究，特别是战后的研究指出了以下几点。

其一，日本的机器大工业是从西欧引进的，因此在日本，生产机器的"制造业"的内部发展还不成熟。其二，在民间，为获得外币，工业机械化集中在纺织业。此外，由于政府提出了"富国强兵"这一政治方针，因此工业机械化还集中于军需、基础设施等国家资本。也就是说，工业机械化并未普及。其三，在日本，标志英国工业革命结束的生产资料生产部门（工作机器的生产部门）的机械化不是由民间资本完成的，而是由国家资本完成的。其四，即使是引进了机器的纺织部门也大范围地保留了原来的批发式家庭工业、手工业等以往的生产方式。也就是说，资本主义生产方式还未完全"占领"这一领域。其五，当时，包括军工厂在内，劳资关系的特点是人格隶属、是半封建的。这在小林多喜二的《蟹工船》等作品中也广为人知，在战后被禁止的章鱼棚^①以及极高的致死率中也有所体现。其六，战前的大多数生产者都是半封建寄生地主制下的农民、佃农，因此虽然地主制度同资本主义的力量关系发生了变化，但是在资金方面、市场方面，两者处于互相依存的关系中。其七，1900 年、1907

---

① 俗称过去煤矿或工地现场等常见的、劳动条件极差的员工宿舍。

年的日本经济危机在很大程度上是世界经济危机的"余震"，未必是原生危机。其八，战前的天皇制权力是以在西欧被资本主义革命打倒的"君权神授说"为基础的。因此，在日本宪法中包含有身份制，这一点是政治结构问题。

在综合考虑这些要素后，我们还可以说日本是在 1910 年建立起资本主义社会的吗？我认为无论是在经济层面还是政治层面，战前的日本都只停留于从封建制到资本主义的过渡期，日本是在战败后所谓的"战后改革"时期改变这一现状并成功确立起资本主义社会的。

其主要理由如下。第一，该时期，天皇制国家机构因美国占领军而解体，主权在民的现代宪法诞生，而与此直接相关的大资本、财界则首次成为国内统治势力的核心。第二，农地改革导致寄生地主制解体，农民也得以从半封建的劳动中解放出来，因自耕农的出现，能够促进资本主义发展的国内市场迅速扩大。这还为始于 1955 年的"高度经济发展"提供了必需的廉价劳动力。20 世纪 50 年代，工人阶级首次成为日本人数相对较多的社会阶级。第三，由此，大资本、财界同工人之间的对立成为日本社会中基本的阶级对立。依据劳动三权（工会法、劳动基准法对此有具体描述）的相关规定，这种劳资关系转化为近代劳资关系。在实现这种变革以前的战前日本社会，虽然机器大工业出现在了某些领域，但整体上还处于向资本主义过渡的阶段。

"总危机"论、列宁阶段理论的影响

那么，为什么此前都没有人提出这些问题呢？对于战前的"讲座派"来说，这主要是因为他们不知道战后社会所发生的巨大变化。但是，除此之外，我觉得还存在一些理论上的问题。第一，马克思针对英国的具体现实，提出英国资本主义社会是因工业革命而确立起来的。而"讲座派"则试图机械地将这一论述直接用于日本社会。第二，当时，大部分马克思主义研究者都在很大程度上受到了日本革命也将逼近这一"总危机"论的影响。这是因为大家都掉入了这样一个诡辩中：既然社会主义革命即将爆发，那日本社会自然已是发展成熟的资本主义社会了。这一问题比第一个问题更为严重。第三，这可能主要是战后论证的问题。"讲座派"将列宁的垄断资本主义论、国家垄断资本主义论运用到日本的经济发展中，因而认为第一次世界大战和第二次世界大战期间日本进入了垄断资本主义阶段，认为日本在战争期间确立起战时总动员体制后，便进入了国家垄断资本主义阶段。我认为这种思维方式是存在问题的。列宁的理论指出垄断资本主义的阶段是"资本主义正在走向灭绝"的阶段，国家垄断资本主义的阶段是"社会主义的入口"。因此，便自然而然地认为资本主义社会是在这之前建立起来的。

有关这三个问题，我有些自己的想法。从自由竞争到垄断、国家介入等，列宁的理论以资本关系中计划性要素的增强为基准，试图限定资本主义发展的历史地位。在我看来，《经济》这本专门杂志已经对此有所涉及。

昨天，在谈到美国时，我向大家介绍了恩格斯曾说过，落后于西欧的美国工人运动的发展需要机会和时间。若以上对日本资本主义发展的理解是妥当的，那这里我们也可以从同一角度去理解日本的工人运动。工人政党、工会的合法性是在战后确立的，更关键的是，有许多工人也是在战后才获得接触工会的机会的。在比较现代的欧盟各国和日本的工作、生活条件时，在工作时间、带薪休假、社会保障、教育等众多方面，日本大大落后于现代欧盟各国。这主要是因为两者因确立资本主义社会的时期不同，而导致了出现工人阶级时期的不同，从而造成了两者提升改革资本主义能力的时间长短的不同。

在 21 世纪前夕的 1999 年，英国广播公司（BBC）进行了有关"过去 1000 年间最伟大的思想家"的视听者问卷调查。欧洲市民将马克思排在了第一位，其后依次是爱因斯坦、牛顿、达尔文等杰出的科学家。此外，在马克思诞辰 200 周年之际，欧洲最大的资本主义国家德国的施泰因迈尔总统赞扬了马克思，称马克思是积极致力于"强烈的人道主义、出版自由、人的工作条件、对形势的作用的评价、环境问题"等的人物。日本对马克思的接受程度远不如欧洲，这也反映了日本和欧洲对于占劳动力人口 80% 的工人现代社会结构的理解程度的差异。

落后于宪法的运动

接着，我还想探讨一下存在于那种日本社会中的日本工人运动是怎样发展的，又达到了何种阶段这一问题。今天我想聚焦于"市民联合""市民和在野党的联合斗争"的定位来思考这个问题。正如我们早已知道的那般，在马克思的时代，工人运动在经历了数次斗争、多部有名无实、漏洞百出的法律之后，花费了大量时间，终于争取到了《工厂法》（包含教育条款、保健条款的劳动者保护法），并不断完善该法律。也就是说，大体上，工人运动先有了想要赢得某物的想法，然后在此基础上不断开展斗争。

在这一点上，战后日本的情况与之大不相同。日本在确立起资本主义后，制定了大大超过工人运动全体水平的宪法。草案是由被称为新政派的美国政府内部最为民主的人准备的，此外由于在帝国议会中追加了第 25 条生存权等，因此该草案也反映了日本国民的意思。但是，该草案还要求天皇退位以实现主权在民，确立了包含自由权、社会权在内的基本人权，给资本的经济活动加上"公共福利"的限制，实现所有领域的男女平等，放弃军队和战争等。该草案的内容远远超过全国性运动受到镇压而不得不于 1935 年左右停止的战前工人运动的水平。

比如，宪法第 97 条指出"本宪法对日本国民所保障的基本人权，是人类为争取自由经过多年努力的结果"。但是，在战前的日本，为"争取自由而努力"的国民仅在少数。在日本，大多数国民都没有站起来进行斗争，从而赢得主权、人权的历史经验。这导致国民对宪法理解得不充分。比如，宪法写明了由国家来保证国民的生存权，但一旦"被自我责任"了，现代日本人便强硬不起来了，这就是日本国民对宪法的理解不充分的表现之一。

虽然对该宪法的理解不充分，但大多数的国民依旧支持该宪法。这是因为该宪法规定放弃战争。这之后，美国的对日占领政策发生了转变，自民党等日本统治阶级多次企图改宪，但该宪法仍旧得以保存下来。这也是因为宪法第 9 条一直是其争论点。

在这一背景之下，战后学习宪法、领悟其理念便成为工人运动的重要课题。20 世纪 60—70 年代，以在官厅悬挂

"在生活中活用宪法"这一标语的京都蜷川政府为典范，全国范围内试图将整部宪法（不仅是第9条，也包括教育、劳动、医疗、福利的改善等）活用于政治理念中的地方政治便由此诞生。各自治体纷纷组建地方版的"市民和在野党的共同斗争"，在各地的选举中大获成功。在野党的核心是社会党和共产党，1975年，43%的人口都已在这些自治体中生活。但是，正如之后蜷川虎三所指出的那般，宪法很难渗透到市民中。此外，由于1980年的"社会协议"，社会党也脱离了这种共同斗争。在2017年的选举中，当民进党试图完全与希望之党合并时，各地的市民运动成功予以制止，但是在1980年，市民还不具备这样的能力。

发展为符合日本国宪法阶段的运动

结果，革新自治体陆续解体，20世纪80年代，"除共产党外，几乎所有政党都是执政党"。另外，苏联解体后，"资本主义万岁"论盛行。这之后，在20世纪90年代，右翼势力抬头，开始将"结构改革"（非正规雇佣的扩大和社会保障的"自助"化）、日美安保推广至亚太地区并组建"日本会议"等；引进以延长自民党政治为目的的小选举区制度；强行将"赢家、输家"论等自我责任论灌输给国民。21世纪，基于这种日本现状，有人在嘲笑日本国宪法不切实际、太过理想的基础上，提出制定"现实"的宪法。

在这期间，"九条会"于2004年成立。久违的大规模市民运动又开始了。发展至在全国拥有7500个"会"的该运动，大大转变了与改宪相关的社会舆论，2007年迫使安倍政权下台。自民党政治陷入严重的僵局，2008年诞生了以民主党为中心的联合政权。但是，此时民主党和市民运动对新政治的构想都还不成熟，并且在东日本大地震发生时也未能采取合适的应对措施，因此自民党安倍政权于2012年再次上台。为防止该政权失控，"全冲绳"共同斗争等各种运动得到了发展，在内阁强制执行安保法案（战争法）的2015年末，"市民联合"终于诞生了。回顾这段历程，我们便能发现进入21世纪后，市民运动、工人运动得到了尤其迅速的发展。

"市民联合"不仅停留于废止安保法案、恢复立宪主义的层次，它还一直致力于实现尊重个人尊严的政治。这便是"市民联合"所具有的划时代意义。"市民联合"的主要任务是保卫第 9 条，但不仅局限于此，它还从正面主张民主主义、人权等。这是战后首次以改变国家政治，而不是地方政治为目标的大规模市民运动。该运动于 2017 年的总选举中，与立宪政党达成了以下协议：

> ①反对安倍修改第 9 条。②完全撤回特定秘密保护法、安保法案、共谋罪法等。③不允许在没弄清福岛第一核电站事故原因的情况下重新运转该核电站。（2018 年，双方一致同意不再使用原子能发电）④究明森友·加计学园、南苏丹维和日报隐瞒问题的真相。⑤迅速扩充保育、教育、雇佣相关政策。⑥确立了每天工作八小时的工作规定以及提高生活水平的经济、社会保障政策。⑦实施相关政策，消除对同性恋者（LGBT）的差别对待，取消女性与男性在雇佣、工资方面的差别待遇。

这里头包含着许多支持日本国宪法的基本理念。在制定日本国宪法时，工人、市民还很难理解日本国宪法的整体理念。如今，工人、市民的意识终于迎头赶上，爆发了以全面实现宪法理念为目标的运动。这即使是在战后，也是一件具有划时代意义的事件。可以说在日本也终于爆发了符合日本国宪法阶段的市民运动、现代市民革命。

工人运动与当今市民运动之间存在着什么样的关系呢？在寻求与各方合作的过程中，工会加入了"市民联合"，活跃于官邸前等众多场所。不仅如此，本就有80%的日本市民是工人或者其家人，学生和专职主妇也是如此。也就是说，市民运动的主要成员是工人及其家人。在这一点上，明确单纯的工会运动并不是工人运动是非常重要的。工人既进行工会活动，也参加政党运动，既参与选举活动，也举行消费者运动，甚至也会加入环境保护团体。像这样，工人的运动涉及各领域、以各种形式展开，与现在的市民运动是一样的。也就是说，如今符合日本国宪法阶段的市民运动，反映了日本工人也已成熟发展到这一阶段。

以上包含七个条款的协议（此后，为实现联合政权这一构想，该协议也会得到不断丰富吧），是为实现和平与民主主义、尊重人权等理念，而试图在多数人同意的基础上对日本社会现状进行修正、改良的东西。马克思在《资本论》中指出第一课题便是工人为保护自身和家人的生命与健康而掌握进行斗争的能力，而以上这一协议仅反映了工人按照第一课题的要求实现了发展。同时，正如刚才我们已经提到过的，日本有探明马克思等基础理论方面极其先进的工人政党。马克思所提出的第二课题是实现工人阶级的大发展，而日本的工人政党则成为肩负该第二课题的重要力量。

若站在日本社会的立场上来思考"一直以来，马克思是怎样一种存在"，那大概可以说一直以来，马克思都是最为正确地把握住社会发展真实情况的理论。

主义这一词汇、未来社会的称呼

因为刚才有人提出了疑问，所以最后我再稍微追加一点内容。"马克思主义"旨在实现"工人阶级的解放"，从抱有明确目标的运动这一层面来看，其的确含有主义主张的意思。但是，马克思的主义主张若不符合现实社会的发展法则便无法实现，因此它必须是完全科学的。恩格斯有一本名为《社会主义从空想到科学的发展》的著作。该著作将"科学社会主义"放在与旨在实现凭空捏造出来的理想的空想社会主义相对立的位置上，也是出于这种考虑。

归纳来说，其实这是这样一种姿态：并不是因为我有这样的主义，所以才要去进行那样的改革，而是若不断解决当今社会所面临的问题（比如黑心劳动、和平危机、灾害对策的滞后等），社会便会朝着这样的方向发展，因此希望在牺牲较小的前提下，有效促进其发展。社会科学推动了相关研究的发展，而主义主张正是建立在这些研究成果之上的。在这里，分析的科学性和妥当性就变得尤其重要了。

我觉得其中的难点便是整合与当前的政治相关的主义主张。比如，出台这样的政策、使这些共同斗争得到发展等，与在根本上支撑这些主义主张的社会科学的实现，像"马克思主义""科学社会主义"那样，用"主义"这一词来表达是否妥当这一问题与"主义"和"科学"这两个词汇具有多大的亲和力这一问题。在与我在同一单位工作的学者中，有人就简单地将"马克思主义"理解为"马克思的一切都是正确的主义"。这是因为他们将"主义"理解成了"基要主义"。虽然我也想不出什么好主意,但这的确是一个需要注意的重大问题。

还有一点就是未来社会的问题。马克思用社会主义、共产主义这些词汇来表达未来社会。但是,在试图更严谨地对此进行描述时,马克思运用了"联合的生产方式"这一表述。实际上,在《资本论》中几乎没出现过社会主义、共产主义这些词,反复出现的是强调社会是建立在人们自觉联合而形成的经济之上的表述。之前所提到的"用公共的生产资料进行劳动,并且自觉地把他们许多个人劳动力当作一个社会劳动力来使用的自由人联合体"便是其中一处。

这其中存在着怎样一种关系呢?在马克思的时代,社会主义、共产主义这些用语指的是实现"工人阶级解放"的社会,这些用语在那时便已得到广泛使用了。因此,马克思也使用这些词汇来思考问题、与人进行交谈。但是,不同人运用这一词汇时所表达的社会内容也是各种各样的。因此,这就需要马克思揭示出马克思流派的社会主义、共产主义的内容。社会主义这一表达的侧重点在于人与人之间的连带,共产主义这一表达的侧重点在于人与人的合作和自治，法国主要使用社会主义一词，德国则主要使用共产主义。于是，马克思、恩格斯便根据其受众，运用不同的词汇。

列宁用"社会主义是共产主义的低级阶段，共产主义则是社会主义的高级阶段"来描述在资本主义之后出现的两个社会发展阶段的不同，区别使用社会主义和共产主义这两个词汇。列宁是在《国家与革命》一书中提出这一主张的。但是，马克思并没有根据这种发展阶段的差异来区别使用社会主义和共产主义这两个词汇。

我又讲多了，但是比昨天讲得还是少一些的吧。谢谢大家的倾听。

评论：
诞生于现实中的理论和来自外部的理论

内田树

石川先生的演讲涉及方方面面，让我获益匪浅，谢谢您。接下来，我想谈一下我个人对社会理论的一些看法，并对石川先生的演讲进行评论。

不断复苏的马克思主义的特殊性

无论是何种社会理论，都存在两个时期：讲述、实践该理论的人直面现实的时期以及不直面现实的时期。也可以说是该理论"生命力旺盛"的时期以及"生命力衰竭"的时期。理论"生命力旺盛"时，该理论因拥有肉体的人所分泌的血、汗水、眼泪等物而"化为肉身"。拥有肉体的人在其固有名之下，赌上自己的人生，努力担保自己所坚信的理论、运动的正当性。但是，过了一段时间后，拥有肉体的人便不再是理论正确性的保证人了。我想这大概是会出现在所有理论中的事情吧。最初，由拥有肉体的人的身体实感担保的理论失去了人这一担保，便成为抽象理论了。

马克思主义可能是个例外吧。虽然马克思主义理论源于马克思、恩格斯个人的肉身实感，但是它在理论上得到了净化，背离了活生生的人后又不断拿回肉身的实感。它再次变得抽象，成为没有生气的理论，然后它又因和拥有肉体的人相联系而再次获得生命力。像这样，理论自成立以来，不断进行着"死"同"再生"的循环。就是这样一种感觉。

或许，马克思主义最大的特殊性，便是不断进行着这种生死循环。一般的理论只在创始者活着的时候是有生气的，终归会变成教义、法则，失去生命力。但是马克思主义理论"不止有一条命"，一段时间后，便会出现其他拥有肉体的担保者、保证人献出他们的一生。于是，理论便因这些人的血、汗水和眼泪而再次获得生命力。据我所知，大概没有其他类似的社会理论了。在近代理论的范畴内，我想只有弗洛伊德是与之有些类似的。马克思和弗洛伊德的特点是：经过一段时间后，当作为一门学说登上讲台之时，这两者都反抗被教条化，提出异议，要求"回归马克思""回归弗洛伊德"。由此，曾濒临死亡的理论便再次获得了生命力。这基本不会出现在别的理论中。

机器也有表情

我对理论、思想的"肉体性"印象深刻。之前，因《青年们，读马克思吧》的旅行企划，我们去了德国、英国。我个人认为那次旅行中最有趣的非曼彻斯特的科学与工业博物馆莫属。我们在那儿参观了工业革命时代巨大的纺织机器的实物，还观摩了纺织机器的运作。

当时，我切实感受到纺织机器是"邪恶的东西"。确实是邪恶的。明明是个机器，却有表情。机器的"脸"上露骨地浮现出暴力、邪恶的表情，威胁着人。

我当然知道"异化劳动"这一概念，但是当我在科学与工业博物馆亲眼看到在"兢兢业业"工作着的巨大纺织机器时，我切实明白了"机器是与人敌对的，它强迫人去进行异化劳动"。

据说，被称为"拾荒者（scavenger）＝垃圾清洁工"的员工钻入正在工作的机器底下，在机器离开期间，扫出积在缝隙中的纤维屑并将其清扫干净，但一旦员工动作不利索，当机器回来时，员工就会被切断手和脚。做这些工作的都是童工。8 岁、10 岁的孩子们被强迫钻入机器底下，进行稍不留神就会被切断手和脚的危险工作。当我看到这个机器时，我觉得不能仅将这一切归结到"资本家的贪婪"上。因为资本家们所使用的纺织机器本身也带着极其邪恶的表情。

没亲眼见过的人可能不会相信，但机器确实是有表情的。科学与工业博物馆中展出了好几个纺织机器，其中就有带着不祥表情的机器。看到带着这种表情的机器，无论是谁都会毫不犹豫地将其拍下来。那时，我觉得自己似乎有些理解卢德了。

虽然不是机器在剥削工人

相信大家都知道，卢德运动指的是工业革命初期，即 19 世纪 10 年代在英国爆发的破坏机器运动。在当时的英国，破坏机器是会被判处死刑的。尽管如此，员工们还是破坏了机器。但是，若仅是为了抵抗资本家的贪婪，那本没必要破坏机器。可以占领工厂、妨碍商品运输、摧毁账本或停止机械作业。若是为了改善待遇，那大可诉诸劳动相关的法律。但是，卢德等人却选择破坏机器。

马克思对卢德持批判态度。破坏机器也无法改善无产阶级的状况。马克思指出与其破坏机器，不如批判资本主义社会的剥削机制本身。马克思所说的当然是正确的。因美国的枪支管制问题，全美的来福枪协会当没发生问题时，便反复强调，不是枪在杀人，而是人在杀人。同理，马克思也是在强调，不是机器在剥削工人，而是资本家在剥削工人。但是，卢德等人所感受到的便是"机器在剥削工人"。如今，美国的枪支管制论者可能更认同不是人在杀人，而是枪在杀人这一说法吧。卢德等人的感受可能和这比较相似。

实际上，虽然左翼的社会理论家批判卢德运动是"无意义的破坏"，但雪莱、拜伦等浪漫派诗人则对卢德运动感同身受。文学家似乎能够理解这种感觉。

我在高中时读了马克思，自那以后我一直觉得卢德运动是很荒谬、无意义的。但是，当我在曼彻斯特看到带着不祥表情的纺织机器时，我瞬间理解了工人们"想要破坏这个"的心情。这个机器摆出一副敌视人的表情。设计机器的人们，明知存在儿童被机器切断手脚的风险，仍如此设计工场配置的人们，显然将自己的恶意转移到机器中了。因此，他们才会作出表情如此凶恶的机器。

在工人的漫长斗争后，《工厂法》终于在1833年面世。刚才石川先生也给我们介绍了相关经过。卢德的运动自然也是在这50年间内发生的。卢德运动是建立在人的肉身感觉之上的运动。因此，许多工人投身于这场没有理论、没有纲领、没有明显实效的运动中。该运动的多位领导人都被判处死刑。而工人们的这种实感，终于在这之后的《工厂法》制定中得到了体现。我觉得应该是有这样一个因素在其中的。

因"恻隐之情"而开启不同寻常的智慧

《资本论》是部理论著作，但实际上它是从记述与马克思同时代的英国工人阶级的劳动实况开始的。马克思对当时工人所处工作环境的恶劣程度、受到剥削的程度进行了生动描述。

最让人受到冲击的是有关儿童劳动的记述。在马克思的时代以及他之前的时代，也有有良心的社会运动家、记者对儿童劳动、女性劳动的实际情况进行了调查。年幼的儿童从 6 岁前起就被迫在矿山、火柴工场等甚至呼吸不到新鲜空气的环境下进行工作。如果是幼童，则允许其在 6 岁后再进行这般过于苛刻的劳动。他们自然是不上学的。他们很早就被迫离开父母家，挤在章鱼棚中，从早到晚地工作。他们很小就学会了抽烟、喝酒、赌博等恶习，20 多岁便衰老而死。有关儿童劳动的实际情况，我们在历史教科书上了解到"原来以前还有这么不人性的儿童劳动"后，便置之脑后了。但马克思却在《资本论》中列举了数不尽的相关记录。

读到这部分内容时，我想马克思建立其社会理论的根本动机，可能就是这种对身边正在受苦的人的肉身、受到重创的人的苦痛的"共苦"（compassion）之情。也就是说，驱使马克思的是"恻隐之情"。让社会理论获得"生命"的便是这种活生生的人的感情。理论因受到人的真情实感的驱动而形成，理论又因感情之深而获得极大的发展、得到深化并为众人所知。马克思的理论自然是因马克思个人不同寻常的智慧而形成的，但是令马克思这颗不同寻常的大脑发动其不同寻常的智慧的正是对同胞的恻隐之情。我个人是这么认为的。工人没有睡觉的时间、住处小到无法躺下、在空气都不够用来呼吸的环境下工作。马克思对这些工人的恻隐之情促进了其理论的深化。

因此，若没有了恻隐之情这一感情支撑，无论是多么优秀、连贯的理论都会仅流于形式，失去生命力。不论是政治理论，还是经济理论，凡是理论，若只具备内部的连贯性、"政治正确性"，那便无法判断其价值。若不是这样的，那就需要基于为充分发挥理论的作用，有多少拥有肉体的人赌上自己的一生，将自己投身于其中来评估理论的价值了。听了石川先生的话，我强烈地感受到无论是用活理论还是谋杀理论，最后都取决于拥有肉体的人在其中的参与程度。

日本国宪法的本质弱点

石川先生也讲到了有关宪法的事。石川先生提到了日本没能产生自发的工人运动和市民运动，我也是这么认为的。我觉得这可能是因为"先有了理论"。

正常来说，同马克思的情况一样，应该先有对因阶级压迫而饱受折磨的同胞的"恻隐之情"。然后，开始以"为改变这一状况我应该做些什么"的形式构建理论。接着，建立相应的组织、进行相关的运动等。我认为社会运动的根本便是对身边人之痛苦的"共苦感情"。对他人的痛苦感同身受，为推翻剥削压迫的机制而共同奋斗。努力让生活稍微符合点人性。诞生于这种与身边人的共鸣之中的理论、运动，能够与各社会所固有的、自发的、本土的传统相结合。有感情支撑的理论、运动非常强大。与社会根基相关的、从中诞生又从中汲取养分的理论、运动很强大。

但是，至少在明治维新之前，日本不曾有过这种自发的、本土的社会运动。倒是有作为"传承"而存在的东西。比如，胜海舟、坂本龙马、中江兆民、幸德秋水因一种师徒关系而连成一线。日本存在着这种反抗的系谱。若这种系谱不中断，那也会出现同时具备日本传统武士精神以及近代市民感觉的、富有感情且被广泛接受的社会理论吧。

但是，1911年，幸德秋水因受到大逆事件的牵连而被处刑。因此，这种系谱也中断了。明治末年，日本本可能形成自发的、本土的成熟市民社会论，并在日本固有的社会主义理论的基础上得到发展。但是，政府凭借残酷的镇压将其扼杀在萌芽阶段。

最后，日本没能从内部形成论述日本社会应有形态的理论，只能从别处引进"成品"，在此基础上进行加工修改。无论是明治维新还是1945年的战败都是如此。日本国宪法的根本弱点便在此处。

希望能努力"使宪法符合自身"

这不仅是宪法的弱点，我觉得这可能是日本所有社会理论中固有的共同弱点。明治初期，在短期内效仿欧美而建成的近代国家的弱点和日本国宪法下民主主义的弱点，实际上是同性质的。两者都不是基于自己的感情、想法，用自己的语言，以自己的文化传统作为素材的自己亲自创造的东西。是从别处传来的东西。我们最多只是对半成品进行了加工而已。

这是因为明治维新后，日本是在 1853 年佩里来航的炮舰外交下，被迫走上近代化的。是在外部压力之下"被迫实现的近代化"，这与自发的近代化是不同的。

的确，在明治时代，日本也曾学习欧美先例，努力在尽量不借助他人之手的情况下，自己建立近代国家。但是，无论如何掩饰，日本国宪法都不是"自制"的东西，它是成品，是从外部传来的东西。不是用日本人的语言记录日本人的思想的东西。日本国宪法的原文是英语的。

我想保宪派弱点的根源便在此处。基于不是用自己语言记录自己思想的宪法来建立自己的思想和语言，这一过程本身便是反的。与此相比，自民党的改宪草案虽然在逻辑上是缺乏条理的，也不符合近代市民社会的常识，是完全禁不起国际社会"检验"的东西，但是其中包含的有关国家、国民的思想毫无疑问是来自该草案的起草者——自民党党员的肉身。字里行间透露着他们的真情实感——欲望、野心、偏见、怨恨等。用手去触摸，会感到烂糊糊的，还散发着腥味，不是成品，是以自己的血肉为素材而写成的。虽然是个不符合逻辑和伦理的宪法草案，但其非逻辑性和非伦理性千真万确是某些日本人所固有的东西。

但是，我们无法从日本国宪法中感受到这一点。正如石川先生所说的那样，宪法的主导理念是新政派的社会理论。其中包含着占领日本时在民政局办公的以惠特尼准将、凯迪斯上校为首的自由派的梦想。但是，这毕竟是新政派的梦想，不是日本人的梦想。当然，大部分日本国民是欢迎该宪法的，但是"以满腔同意热烈欢迎"与"自己制作"完全不是一个"重量级"的事。因此，实际上日本人应该按照自己的"身高"来修改这个成品宪法，努力"让该宪法符合自身情况"。我们希望能够做到这点。但实际上，日本几乎没有进行过这样的努力。

关于宪法同现实的背离

　　提出建国理念的文件和该国现实产生巨大的背离，实际上并不少见。法国的《人权宣言》和美国的《独立宣言》所提出的理想也没有反映出当时的法国和美国的社会实情，不过是告诉大家，我们的目标是建立这样一个社会。

　　《独立宣言》是以"人人生而平等"这句话开始的，但是 90 年后，奴隶制才被从法律上废止，而公民权利运动则更是在奴隶制废止后 100 年才开始的。但是没有人主张因为《独立宣言》的内容和现实间存在背离，因此需要废除《独立宣言》中"空文"的部分，更改为"人人生而不平等"。这是因为当理想和现实之间存在背离时，人们会努力改变现实以接近理想。这是世界常识。理想也有指导作用。这适用于当提出来的理想虽背离当时的现实，但提出者心中的确有感情依据的情况。"人人生而平等"虽然不是历史现实，但是宣言起草者在心中的确认为"若人人生而平等就好了"。担保"理想现实性"的正是诉说理想者内心深厚且确实的感情。

日本国宪法也是如此，其理想背离了现实。但是保宪派却没思考如何令背离现实的理想得以指导人们改变现实这一问题。如何才能让理想引领现实？如何才能让宪法所提出的理想在国民心中获得感情依据呢？我觉得这些问题是宪法问题的重点。

就着刚才的话来讲，若各个国民不"强烈向往"宪法所旨在实现的社会理想状态，那便无法开始。世界各地的宪法与现实之间都存在背离，因此这不能成为改宪的借口。问题是宪法这一"空文"所主张的理念是否符合国民的现实愿望。即"日本要是这样一个国家就好了"这种大多数日本国民所能想到的社会形态是否能作为一种对未来的期望反映在宪法中这一问题。

正是感情上的实感拥有改变现实的力量

正如石川先生所说的那样，在战败时的日本人心中，本就不存在"社会权"这一概念，这是不曾出现在日本普通市民脑海中的概念。然而这竟写入了自己国家的宪法中。也就是说，只要日本人无法切实感受到"社会权"这一概念，是作为人的基本要求，是一项自然权利，那写入宪法的社会权就无法转为现实。只要日本人自身没有切实地从内心希望获得社会权，那即使宪法条文赋予了国民社会权，它也无法转为现实。

宪法第 25 条规定，全体国民都享有健康和文化的最低限度的生活的权利。即使读了这规定了生存权的条文，大概相当多的日本国民依旧会认为这只是"空文"，这是无法实现的。如今处于政府中枢的人们大骂坦然领取生活保障的人，努力使劳动者保护法空洞化。看到这情景，我便能明白他们并没有对诞生于 19 世纪欧洲的社会权这一概念感同身受。

不在个人心中拥有清晰实感依据的理想、概念不具有改变现实的能力。我从刚才便一直在强调这点。无论是什么，只有当写入"宣言"的概念有感情依据时，"宣言"才拥有转变为现实的能力。即使没有现实依据，只要有感情依据，那"心中所想之事"便有可能转变为现实。但是，"不存在于心中之事"是绝对不可能转化为现实的。因此，为使日本国宪法具有改变现实的能力，必须让日本国民对写入其中的概念抱有感情上的实感。只有作为实感化成肉身的理念才能改变现实。不过，仅能让人理解其概念意义的东西是无法指导社会运动和组织的。

列维纳斯老师称自己为马克思主义者（marxian）的原因

令理念作为实感化为肉身。我觉得这是日本国民走近日本国宪法的正统方法。我觉得这也同样适用于一直以来不断进行的类似"回归马克思"的"重读"运动。

以马克思这个拥有肉体的人的生活体验、身体实感为养分而诞生的社会理论在脱离拥有肉体的人后转化为抽象的东西，成为纲领、教条。此时，它变成了流于形式的"空文"。因此，试图复活该理论的运动一直都是从"基于读者自身生活实感、身体实感的阅读"开始的。马克思主义开始转变为纲领、教条时，便会出现基于自身生活实感、身体实感重新阅读马克思的人。然后，在这些人拿自己的生活和身体作为所谓的"担保物"之后，马克思便重生了。

我自称"marxian"，根据伊曼纽尔·列维纳斯的定义，"马克思主义者"是"不使用马克思用语来讲述马克思思想的人"。当听到列维纳斯说"我不是 marxiste（译者注：用马克思的话解释马克思），而是 marxian（译者注：用自己的话解释马克思）"时，我心想："他所说的真让人难以想象。"但后来我仔细想了一下，列维纳斯的确在本质上便是"那样的人"。这是因为列维纳斯是犹太教的《塔木德》学者，去世前，他每周六都会开课，对《塔木德》进行解读。

《塔木德》解释学是拿自己的生活实感、身体实感作为担保物，从而恢复其中句子意义的作业。

"书如其名"，《塔木德》的原文本身"已失去生命力"。虽然有关于古代拉比就句子的解释进行争论的记录，但几乎都是意思不明确的东西。已完全失去了生命力。将这些对话赋予新生的便是解释者的肉身。解释者赌上自己的生活和身体来解释一个文本。在人生经验、工作经验、与家人的关联等具体经验的共同作用下形成了独一无二的个人。解释者便是以独一无二的个人的姿态，用尽全力对《塔木德》进行解释。解释者不仅需要解释学的相关知识，还需要丰富的生

活经验。这是因为为保证对圣句解释的独一无二性，必须由
"无可替代的个人（其人生是无法由他人替代的）"来对句子
作出解释。

《塔木德》解释学就是基于这一逻辑的。《塔木德》解释
学的前提是当前已知的内容、散发着智慧气息的记号的意思
仍不明确。这几乎处于濒临死亡的状态。使其重生的正是解
释者。正如给枯死的植物浇水一般，当解释者将自己的身体
献给文本时，句子便现出了其真面目，其意思也就明了了。
在赌上自己的实际存在之后，沉默的句子终于"开口说话"
了。这是犹太人解释文本的方式。

列维纳斯从小便接触了《塔木德》，战后跟从其老师，
开始正式学习《塔木德》解释学。因此他或许认为能够用同
解释《塔木德》一样的方式去解释所有优秀文本吧。所以，
若马克思文本是正确的"睿智书籍"，读者只有赌上自己的
实际存在才能顺利对该文本进行解读。以自己的人生、自己
所有的生活经验、自己体验过的所有情感为素材，对文本进
行解释。以这样的方式赋予空洞、流于形式的"睿智书籍"
新生。

文本同读者、解释者之间存在着某种活跃且相互的关系。若一个文本内含着有学习价值的智慧，那解释者就必须用自己的语言来向读者讲述其相关内容以究明其中的智慧。我觉得列维纳斯正是抱着"我用自己的语言来谈马克思的睿智"这一想法，才称自己为"马克思主义者"的。

马克思主义具有科学性

　　我觉得石川先生如今在做的事，便是基于"如何将马克思的智慧与现代日本人的身体实感、生活实感连接起来""如何在现代日本人能够理解的范畴内使马克思思想成形"这种问题意识上的。这完全不同于以前教条式地重复马克思的言辞，并将其背诵下来这种行为。与之相反，石川先生大概是在思考，用何种方式对马克思的智慧进行解释，才能使其深入现代日本人的生活文化，并在那儿生根发芽。

　　但是，这一旦成为"主义"就不行了。这是因为不存在叫作"什么什么主义"的科学。正如卡尔·波普所说的那般，科学性的定义是"反证可能性"。提出假说并对其进行试验，出现反证事例，然后再修改假说……这一过程的"永久循环"保证了科学性。当最开始提出的假说在现实中碰到反证事例时，是否能够更新假说，这一点是科学的关键。假说总是不完全的、总是含有谬误和缺陷的，这是科学的前提。因此，当出现反证事例时，便需要更换为适用面更广、更为纯粹的假说，以前的假说顶多作为"更具概括性的假说"的一部分而保留下来。这种自己更新的能力、自己再生的能力担保着科学的科学性。因此，我认为马克思主义具有科学性。看到像石川先生这样的人也说"'主义'是不好的"，我就更觉得"（马克思主义）是有科学性的"了。

因为欧洲存在着公社的实体

从这一角度来看，人们对"共产主义"这一词汇也有众多误解。这是因为"公社"这一词原本在欧洲是作为一种政治实态存在的，并且在法国、意大利等地，基层自治体便被称为公社。基层自治体在近代以前就存在了，现在自然也还存在。因此，说到公社主义，欧洲人首先想到的便是这种历史悠久的实体。但是，在日本却没有与之类似的东西。

公社的特点便是规模各异。规模最大的基层自治体——马赛，拥有约 100 万的人口，而规模最小的基层自治体仅有几十人。但是，所有基层自治体都设有市议会，有市长，还有市政厅。国内有几百个作为基层自治体的公社，这是因为这种公社是以基督教的教区为基础，自然诞生的政治单位。所有公社的街区中央都有教堂。教堂前有广场，市政厅则在教堂对面，广场隔在两者之间。所有公社的构造都是这样的。虽然规模各异，但是其基本构造是一样的。

公社之所以成为公社，首先是"居住在其中的人们是自己的同胞"这一实感。由于这是一种实感，因此它不能被机械地决定。不能被面积、人口数、法人数、税额等数值上的、外形上的条件所划分、所决定。因为它是由各地的集市村落形成的历史条件、自然环境、生活文化等决定的。但是，位于其中心的是宗教。公社是在宗教共同体的基础上形成的。

马克思等人自然知道那场巴黎公社斗争的具体形态。公社主义的目标是实现像巴黎公社那样的政治形态。这成为人们的共识。但是，建立了巴黎公社的巴黎市民自古以来便拥有"在这块区域内的人是我们的同胞，我们共同构成了一个命运共同体"这样一种实感。若建立一个与此前完全不同的新的政治单位，那么就不会使用"公社"这一老套词汇了。我觉得特意使用早就存在的共同体——"公社"一词，是试图表明这是持续存在了几百年的行政单位的一种延续，虽然形式不同，但其本质是一样的。巴黎公社符合以下公社的条件："居住在这儿的是同胞""同胞必须互相帮助""集团中心有着我们所相信的东西""集团的方针是在全员讨论后制定的"等。因此，没有使用"巴黎革命政权""巴黎市民自治区"等新词，而使用了"公社"这一旧称。

19 世纪的欧洲工人在构想新的政治单位时，特意使用表示传统行政单位的"公社"一词，是因为他们拥有一个共识，他们所期望实现的未来共同体是公社的延续，本质与公社相同。此外，未来共同体还能在新的历史条件下解决新的历史课题。也就是说，欧洲工人心中的未来共同体是不受王权、贵族统治的自由城市，是不承认资本家对无产阶级剥削的相互扶助的共同体。这是欧洲工人心中未来共同体的形象。

共产在日本既没有实体，也无法在人们脑海中形成具体形象

在欧洲人心中，公社的形象是具体的。与此相比，日语中的"共产"一词便完全不具备历史实感了。日语中本没有"共产"一词。此外，自古以来，日本便没有规模各异、类似宗教共同体的东西作为行政基础单位来发挥作用。"共产"只是由两个汉字组成的抽象概念。"公社"一词在欧洲的政治文化中"化为肉身"，但是"共产"一词却没有在日本的文化语境中"化为肉身"。在欧洲，公社这一行政单位实际存在于人们的眼前，还有着巴黎公社这一政治经验。因此，"公社主义"一词能够在欧洲人的脑海中形成具体形象。但是，在日本，无论是"共产"还是"共产主义"都只是抽象的概念，不具有"实体"，无法在人们的脑海中形成具体形象。这两者间有着决定性的差异。

"上午打猎，下午捕鱼，傍晚从事畜牧，晚饭后从事批

判。"①这是句很有名的句子。一个人可以在白天从事与自然亲密接触的第一产业，晚上可以作为知识分子从事脑力工作。马克思的这一理念说不定与毛泽东心中理想的红军形象非常接近。革命家或许凭直觉悟出了这一道理：若一个人无法做到"自给自足"，那便无法避免权力关系、剥削。石川先生提到，马克思将共产主义称为"联合的生产方式"，可能就是这么一回事吧。

　　毛泽东在领导中国共产党的军事组织——红军的过程中，特别重视不让士兵分工这一点。红军和一般的军队一样，以几个规模不等的军事单位结合在一起的形式开展作战行动。但是，红军中的士兵不是"各司其职"的。所有的红军士兵必须既是士兵又是农民，既是老师又是医生、技术员。我似乎能理解这一理念。马克思所构想的共产主义（当然规模会很大）不也是这样的吗？不规定这个公社专门进行这个，那个公社专门进行那个。若各个共同体各负责一个方面，那其间就必然会出现贫富差距、权力关系，就肯定会出

---

　　① 《马克思恩格斯选集》第一卷，人民出版社 2012 年版，第 165 页。

现统治、被统治这样的关系。

关于《塔木德》解释

在座的各位当中有人对《塔木德》解释提出了疑问："《塔木德》解释完全是由个人进行的吗？还是说《塔木德》和解释者之间是相互影响的？"最后，我就来回答一下这个问题吧。

当然是为大家所共有的。《塔木德》解释学规定"不能对某句只有一种单一的解释"。若是天主教，当对某句有多种解释时，会召开公开会议，采用单一的解释，官方解释以外的其他解释都不会被承认，然后被排除。但是，在犹太教，对《塔木德》的解释基本都是开放式的，官方机构不会指定唯一解释，也不会处罚其他解释者。

即便如此，仍旧会存在有的解释得到保留，有的解释销声匿迹的情况。犹太教将此完全托付给历史考验。无论在哪个时代，都会有伟大的律法学者"成对地"登上历史舞台。每当这个学者建立学说，指出"这句应该这样解释"时，另一个学者便会跳出来提出自己的反对意见。激烈的争论便就此展开。《塔木德》所记录的便是这些律法学者的争论本身。它并不判定最终是由哪一方作出了正确解释。但是，它可能会判定哪一方的解释更有建设性。后代拉比作为自己学说的论据反复引用的解释、脍炙人口的解释、学术用语中"被引用次数最多的解释"正是其中更具建设性的解释。

这些争论的内容基本上是以口头传述的方式被传承的。直至今日，围绕律法学者间的解释所进行的争论还在持续，但是据说要在200年之后才会被印刷成册。经受住历史考验、以口头传述的方式传播并被引用的解释才会被判定为有被收录《塔木德》的价值，并得以转为文字材料。并不是由某种智慧的权威来判定它是"正统"还是"非正统"，而是让大家畅所欲言。在其中，经受住历史的考验，得以保留下来的东西会作为"有学习价值的解释"，以文字形式保留下来。

有人问我："圣职者之前是否会互相批判'你的解释是错的'？"实际上，犹太教中并没有圣职者。虽然有专门学习律法的人，但那只是"学者"，并不是类似基督教中的神父、牧师以及佛教中的僧侣那样的角色。拉比是"我的老师"之意。

第 4 章 给新华社的回答：
《青年们，读马克思吧 I 》
作者谈 200 岁的马克思

　　新华社为纪念马克思诞辰 200 周年，推出了相关企划。其中一部分内容便是采访《青年们，读马克思吧 I 》的二位作者，并在 2018 年 5 月 5 日马克思生日时发稿。以下是该采访的问题及回答全文。题目是本书单独添加上去的。

阅读马克思有什么意义

内田树

问题 1

自《青年们，读马克思吧 I》出版以来，该书在日本成为最为畅销的书籍，在中国也大受好评，深受读者喜爱。您认为其原因是什么呢？为什么在日本这个资本主义社会，会有那么多人喜欢阅读马克思主义呢？您认为这又是出于什么原因呢？

其实，大多数日本人是将马克思当作"教养书"，而不是政治纲领来进行阅读的。也就是说，在日本，人们不是从自称"马克思主义"的诸多政治运动所带来的历史归宿这个角度去权衡马克思文本的价值的。揣摩马克思理论连贯的逻辑、精湛的修辞以及透彻的分析,在阅读文本中感受到读书的乐趣。日本是允许这种"非政治性的阅读方式"的。日本国民坚信阅读马克思是日本久违的"智慧成熟的一个阶梯"。不是说人们阅读马克思就会变成马克思主义者。读完马克思后,有的人成为天皇主义者,有的人成为虔诚的佛教徒,甚至还有人成为精打细算的生意人。即便如此,在青年时期阅读马克思这一事,依旧使他们的人性得到了一定程度的升华。

若仅限于政治性的阅读方法,那便可能推断出"既然马克思主义是这些运动的理论根据,那就已没有阅读马克思的价值了"。但是,在日本几乎没有接受这种批判,从而停止阅读马克思的人。允许"以非政治性的方式阅读马克思"这一点可能是日本直到现在还在继续阅读马克思、写作马克思研究书的原因之一吧。这在世界上也是特例。

问题 2

马克思主义给日本带去了什么影响？特别是对当今日本
有什么影响？麻烦您就此为我们作个简单的说明。

战后的许多社会运动都是在马克思的旗帜下进行的，特
别是学生运动，基本上都是高举着马克思主义旗帜进行的。
这是因为，日本只存在这个以进行激进社会改革为目标的、
逻辑连贯的理论。但是，在 1960 年的安保斗争以及 20 世纪
60—70 年代的反对越南战争的斗争中，实际上深深鼓舞了
日本学生的是反美民族主义。希望摆脱美国、实现独立的这
种国民感情后来演变为"靠经济实力压制美国"这一狂热经
济发展至上主义，并一直持续下去。当然，这其中已经完全
看不到马克思主义的影响了。

因此，对于马克思主义如何影响着现代日本这一问题，
我只能回答："马克思主义作为一种政治性理论，基本上对
现代日本没有什么影响。"

日本共产党虽是马克思主义政党，但在选举中给共产
党投票的大部分人并不是因为赞同其纲领，而是认为共产

党议员总体来说比较清正廉洁、有智慧且热心参与地区活动。

不过，自 20 世纪 20 年代起到现在，一直存在着许多高举马克思主义旗帜的政治组织，对以马克思主义为基础的政治学、经济学、社会理论的研究也一直在进行。在马克思主义研究的广泛性和多样性这一点上，日本在东亚地区应该是处于领先地位的。许多日本人虽不是马克思主义者，但也熟知马克思主义的用语、概念等，也习惯了学者在这一框架中谈论政治经济现象。因此，马克思主义对我们的思维方式还是有一定影响的。

问题 3

内田先生，您是从何时开始阅读马克思的著作的？您觉得马克思主义伟大在何处？

我第一次接触马克思的作品是在高中一年级，读的是《共产党宣言》。我最喜欢的马克思作品是《路易·波拿巴的雾月十八日》，这是身在伦敦的马克思，受纽约好友之托，为一份在美发行的、以德语为受众对象的杂志所撰写的文章。文章对法国的政治事件进行了分析。马克思在这篇文章中将其天才般的"超高说明能力"发挥到了极致。在同样条件下能用如此犀利的文笔，进行如此深刻分析的记者恐怕在当时的美国，甚至整个欧洲都很难找到。从这一点中，我们便能了解到马克思的伟大之处。

问题 4

您曾说过"读马克思会让我们变得聪明"，您可以举几个具体的事例吗？

据说克洛德·列维·斯特劳斯在写论文前总会从书架上取出马克思的著作，随意读几页。因为这样做就能受到鼓舞和激励。

我非常了解这种感觉。与其说读马克思会让我们"变得聪明"，不如说读马克思可以"激活我们的脑袋"。马克思的作品文体的流畅性、比喻的生动性、层层递进的论证以及令人惊讶的跳跃式前进的逻辑给我们带来了独特的"最佳状态"。仅随意感受下马克思的话语便会热血沸腾。打个不太恰当的比喻，马克思的文本是摇滚乐。

问题 5

您可以为我们举几个运用马克思思想解决现代社会中的矛盾的事例吗？

这个世界上不存在能够机械地运用马克思的理论框架来解决的矛盾。这与即使套用福尔摩斯·夏洛克解决难题时的推理，也无法解决下一个事件，是同一个道理。我们应该学习的是福尔摩斯进行推理的方法。

我们在阅读马克思后，明白了在浩瀚的历史长河中，存在着基于对人性的深刻理解，解决复杂现象的智慧。若这种智慧出现在这里，在面对现在的历史现实时，它会进行怎样的分析、会得出怎样的解决方案呢？有关这些，我们只能"自食其力"，靠自己去想象。这是将马克思当作榜样，努力让自己在智慧方面更为成熟，而不是运用马克思思想。

问题 6

中国的年轻人从学校开始接触马克思主义。值此马克思诞辰 200 周年之际，您想对中国的学生，抑或是对世界各国的年轻人说些什么？

"接触马克思主义"和"接触马克思"完全是两个不同的概念。我们在这本书中呼吁青年们"读马克思"，而不是让他们"了解马克思主义"或是让他们"参加马克思运动"。虽然那也是有一定价值的政治实践，但我认为读马克思的意义不仅限于"政治方面"。我想说的是，为使年轻人们在智慧、感性方面做到成熟，对人性有深入、丰富的理解，马克思是位极其优秀的"先达"。我坚信这一建议对任何时代的任何国家的年轻人来说都是一样有效的。

为进行资本主义改革和实现真正的社会主义

问题 1

您为什么想给青年们介绍马克思呢？您想让青年们了解马克思学说的哪部分？

如今的日本，财富集中在一部分人手中，对大部分人来说日本已越来越不适合生存了。特别是20世纪90年代以后，贫富差距扩大，社会分层加剧。二十多岁、三十多岁的年轻人自踏入社会起，便只能生活在这种闭塞的局面当中。在这种情况下，我们需要忍受这种闭塞，但除此之外，我还希望年轻人能了解一些构建更美好社会的可能性，并通过参与其中，对生活抱有更积极的态度。

马克思的理论是多方面的，但我更希望青年们学习的是其经济理论、社会革命理论。马克思的经济理论、社会革命理论认为在资本主义机制中，一旦放任不管，便会出现数据造假、引起过劳死，为纠正这一机制存在的缺陷，需要进行工会斗争、政治改良。

问题 2

您可以为大家简单介绍一下《阅读马克思的方法》《青年们，读马克思吧 I 》的内容吗?

《青年们，读马克思吧 I 》是 2010 年起，我和内田先生以书信来往的形式讨论马克思代表作的书籍。其中提到的著作有《共产党宣言》《论犹太人问题》《〈黑格尔法哲学批判〉导言》《1844 年经济学哲学手稿》《法兰西内战》《路易·波拿巴的雾月十八日》《工资、价格和利润》等。外传则记述了我们对德国和英国马克思有关故地的探访，以及在当地的对谈。

说到讨论马克思的方法，我和内田树先生对马克思的认知是不同的。若按照内田树先生的理解，我石川是"Marxiste"，而内田树先生则是"Marxian"。因此在我和内田树先生之间便自然而然地形成了这样的分工：我侧重将各著作放到马克思的发展的历史中去讲解，而内田树先生则主要对著作的"有趣之处"进行论述。虽然我们俩之间也会存在意见分歧，但我们互相尊重、将对方的观点当作供自己思考的素材。可以说这是不会因需当场探明在政治上什么是正确的而令人喘不过气来的马克思论。

《阅读马克思的方法》是我单独执笔的作品，它于 2011 年出版。该书比《青年们，读马克思吧Ⅰ》的内容更为平实易懂，从世界观、经济理论、社会主义和共产主义论、革命运动论四个方面介绍了更为成熟的马克思理论。此外，《阅读马克思的方法》还收录了我与完全没读过马克思的学生在课堂上一起阅读《资本论》开头部分的"实况转播"。

该书的韩语版还补充了"从马克思在日本逐渐被接受的历史开始"这一行字。这是因为，日本在接受马克思这方面，有着独特的历史。在列宁去世后，斯大林将马克思定义为过去（19 世纪）的东西，"马克思列宁主义"成为一种定式。但是，日本从 20 世纪 70 年代起开始正式对相关内容进行逐一检查，对马克思原本的理论进行再发现。《阅读马克思的方法》也是反映这一成果的书籍。

问题 3

您的著作在日本掀起了阅读马克思的小热潮。这在您的意料之内吗？到现在为止，两本书的销量是多少？您觉得为什么会掀起这一热潮？

《青年们，读马克思吧 Ⅰ》《青年们，读马克思吧 Ⅱ》以及外传这三本书共卖出了大约 5 万册。《阅读马克思的方法》大约卖出了 1 万册。不过，我并没有过多地去想它们的销量，可以说社会方面的确有相应的需求。

从战前起，日本就有一定的自主研究马克思的历史。在经济学、历史学、哲学等领域，这些研究也对战后的学术界产生了很大影响。1991 年苏联解体后，这一情况发生了很大改变。在日本也爆发了主题为"马克思不起作用了"的大规模运动。

主张"任凭大资本自由运作"的新自由主义经济学也是在这一时期一举得到普及的。其弱肉强食的理念以"结构改革"的名义转化为政府的具体政策。这导致工资和家庭收入减少，贫富差距扩大。这在 1997 年达到了顶峰。2007 年意为"即使努力工作也无法'脱贫'"的"穷忙族"（working poor）在日本成为流行语。基于这种时代变化，《青年们，读马克思吧》系列和《阅读马克思的方法》便出场了。对于年纪大的人来说，这是马克思的"复活"；对于年轻人而言，则是对一种新鲜学说和崭新希望的惊喜，他们认为马克思学说是关于更自由和适于生存的社会的学问。

问题 4

中国、韩国立刻出版了相应的译本，您觉得其原因是什么？

韩国存在着推翻政治独裁体制的工人、市民力量，直到现在他们还在开展要求和平、民主主义的强势运动。但是，20 世纪 80 年代以前，由于韩国处于长期的独裁统治之下，因此韩国的马克思研究曾饱受压制。于是，便产生了想要弥补关于社会改革的理论空白这样的渴望。

中国的情况我不是很清楚。但是，我希望这是因为中国人开始注意到并不只有那种从特定视角出发，要求人们"应该这样读马克思"的教科书式阅读方法，还存在着与此不同的多样阅读方式、研究。这是因为人类社会的发展需要言论、学问的自由，需要每个市民的智力得到发展。

问题 5

《青年们，读马克思吧》系列图书如今出了续篇，听说还会不断出续篇。您可以给我们稍微说说其内容吗？

《青年们，读马克思吧Ⅲ》预计在 2018 年出版。内容以我与内田树先生在京都妙心寺中，就"马克思和美国""马克思诞辰 200 周年"进行的对话为主。在这本书中我们谈论到了美国强烈反对共产主义的历史、苏联对美国共产党的巨大影响等。在往返书信中，我们讲到了《法兰西内战》。据说《青年们，读马克思吧Ⅳ》将以马克思的主要著作《资本论》为主题，但具体内容还未定下来。

问题 6

您能和我们说说马克思学说对于今后世界的意义吗？

马克思认为人类社会是分阶段发展的，资本主义社会也不是永远的。马克思深刻揭示了资本主义经济的推动力是利润至上主义，而这必然会导致贫富差距。此外，资本主义一方面将生产资料转化为无法与众多劳动者分离的东西；另一方面，正如我们在缩短长期劳动时间的斗争中看到的那样，它还发展了劳动者为抑制露骨的资本逻辑而斗争的能力。由于马克思的研究阐明了这些原理，因而它对致力于资本主义改革的所有人来说依旧有着重大意义。

马克思认为生产资料的所有权和使用权归从事生产的生产者所有，而不是国家权力。马克思希望消除政治权力和一般市民之间的对立，建立一个以全体人民自发结合的方式来运营的社会。这样的社会有着较高的生产力，因而人们能够拥有充足的自由时间，于是便产生了良性循环：人们利用这些自由的时间来提高自己在各方面的能力，然后又自觉地将其结合起来。马克思认为这样的社会便是社会主义社会。

后　记

石川康宏

　　大家觉得这本书怎么样？我是本书的作者之一，我觉得这本书非常有意思。

　　我现在在从北海道回关西的飞机上。昨天我在札幌和我高中时的朋友一起愉快地小酌了几杯（我与朋友已43年没见面了，但我们竟一下子便消除了彼此间的隔阂，真是不可思议），前天我有幸受邀参加了在钏路召开的以"马克思诞辰200周年与未来社会"为主题的讲演。

　　该讲演的题目是由主办方决定的，我也很少有这样面向市民直接讲述马克思的机会。开始前我担心没人来听我的讲演，结果竟来了140多人。加上提问的时间，此次讲演持续了近 3 个小时，是一场听众人数众多、持续时间长的活动。

我心目中的钏路是这样一座城市：机场附近有野生的丹顶鹤（羽毛有些脏兮兮的），叼着猎物的北极狐从开往城区的车前横穿过去。晚上，海鲜和本地酒很美味。晚餐的地点处于湿地地带，因此没能吃上米饭。连续五年人口不断流出。此外，有 140 多位市民来听有关马克思的讲演。

实际上，本书除了关于《法兰西内战》的来往书信外，本打算收录有关大家一起去美国四处参观的内容以及在当地的对话的。这对出版社和旅行社来说都是一举两得之事。可以说这对出版社、旅行社甚至我们作者（虽然我不太喜欢去时差大的地方旅行）三方来说都是件好事。之前出版的《倾听马克思》所记录的便是我们对德国和英国马克思有关故地的探访。我们本想把这本书做成《倾听马克思 II》。

但是，"福无双至"。由于报名人数没有达到成团的最低人数限制，因此我们的旅行计划就"流产"了。于是我们便在京都妙心寺大心院进行了小规模的讲演。这本书便是在以上的背景之下诞生的。

大约在 25 年前，我住在京都的花园一带。那时，妙心寺是我和年幼的孩子们休息日一起散步的路线之一。因此，对我来说，不仅是在妙心寺谈马克思这一设定很不可思议，另外，在妙心寺演讲还让我想起了许多往事，这让我觉得自己稍微年轻了点的同时，也令我切实感受到了时光的流逝，这也是很不可思议的。

我在将自己所说的话文字化时，经常会对其内容进行大幅度修改。内田树先生应该也是这样吧。这是因为过了一段时间后，当将自己所说的话转化为文字时，就能够把本在讲演时就想说的内容或者没来得及说的内容都补充进去。这种时候，我便会按照自己那个时期的兴趣、意愿来写。这已是我的一贯风格了。

京都的讲演是在 2018 年 3 月末进行的，而本书的整理、编辑工作则是在 7 月末到 8 月间进行的。在这 4 个月间，我做了些自己的调整、整理。这些都是费劲但又愉悦的工作。

我刚才看了一下，在《青年们，读马克思吧Ⅰ》中我和内田树先生的第一封书信始于 2009 年。今年已是我们开始"青年们，读马克思吧"相关工作的第 10 年了。在我看来，这项工作持续的时间已经很久了。期间我们也想过要出与恩格斯相关的书籍，不过这个提案后来被否决了，因为我们觉得现在这样就蛮好的。经历了种种事情，看样子该系列终于将迎来其"最终篇"——我和内田树先生以书信往来的形式谈论《资本论》。

仅谈论一卷《资本论》就需要写好几封书信吧。当我迷迷糊糊地思考这些问题时，传出了出版社和旅行社又谋划着不久后进行"一举两得之事"的谣言。我想这一定是想让包括作者在内的三方都满意吧。

我们下册再见。